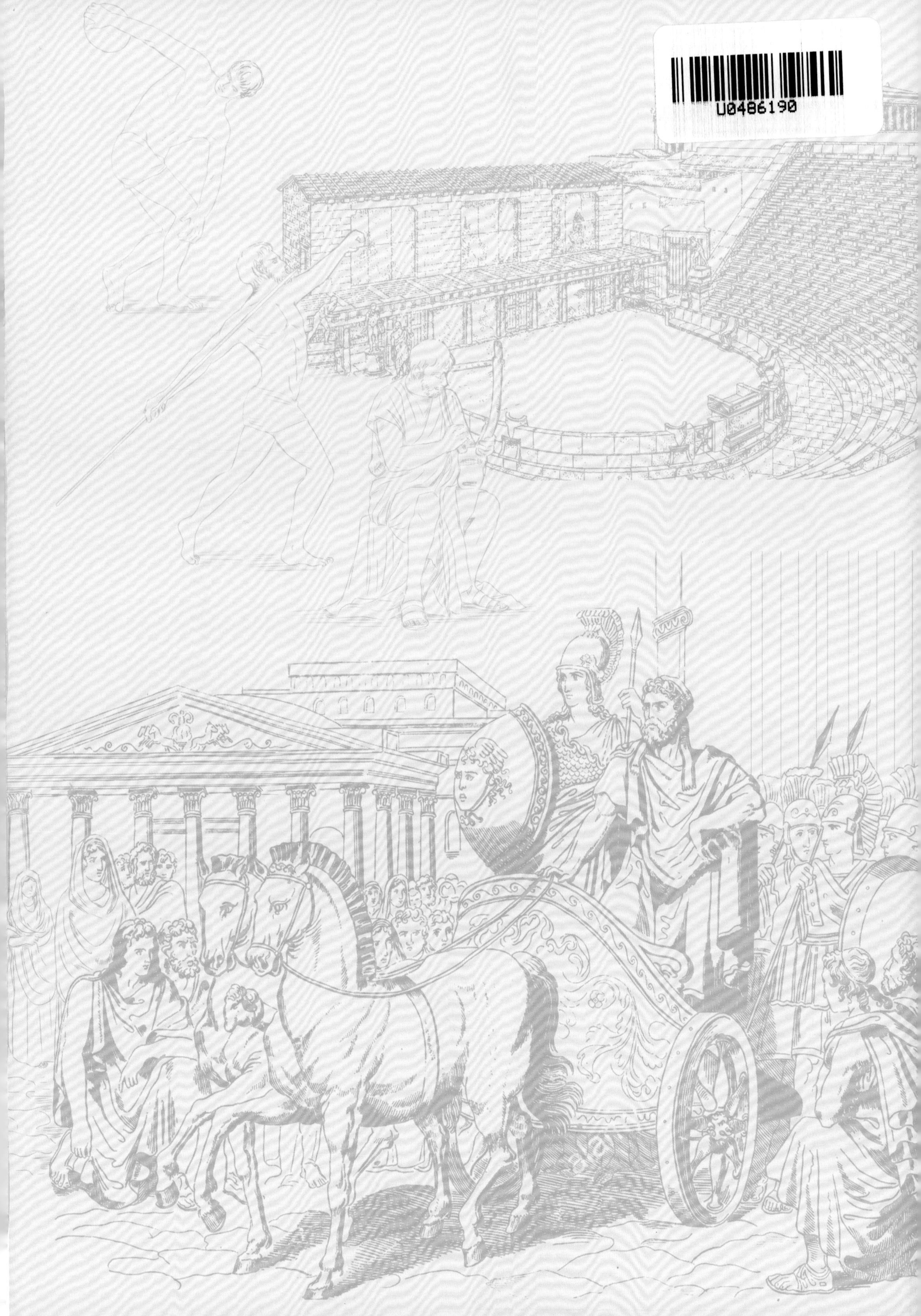

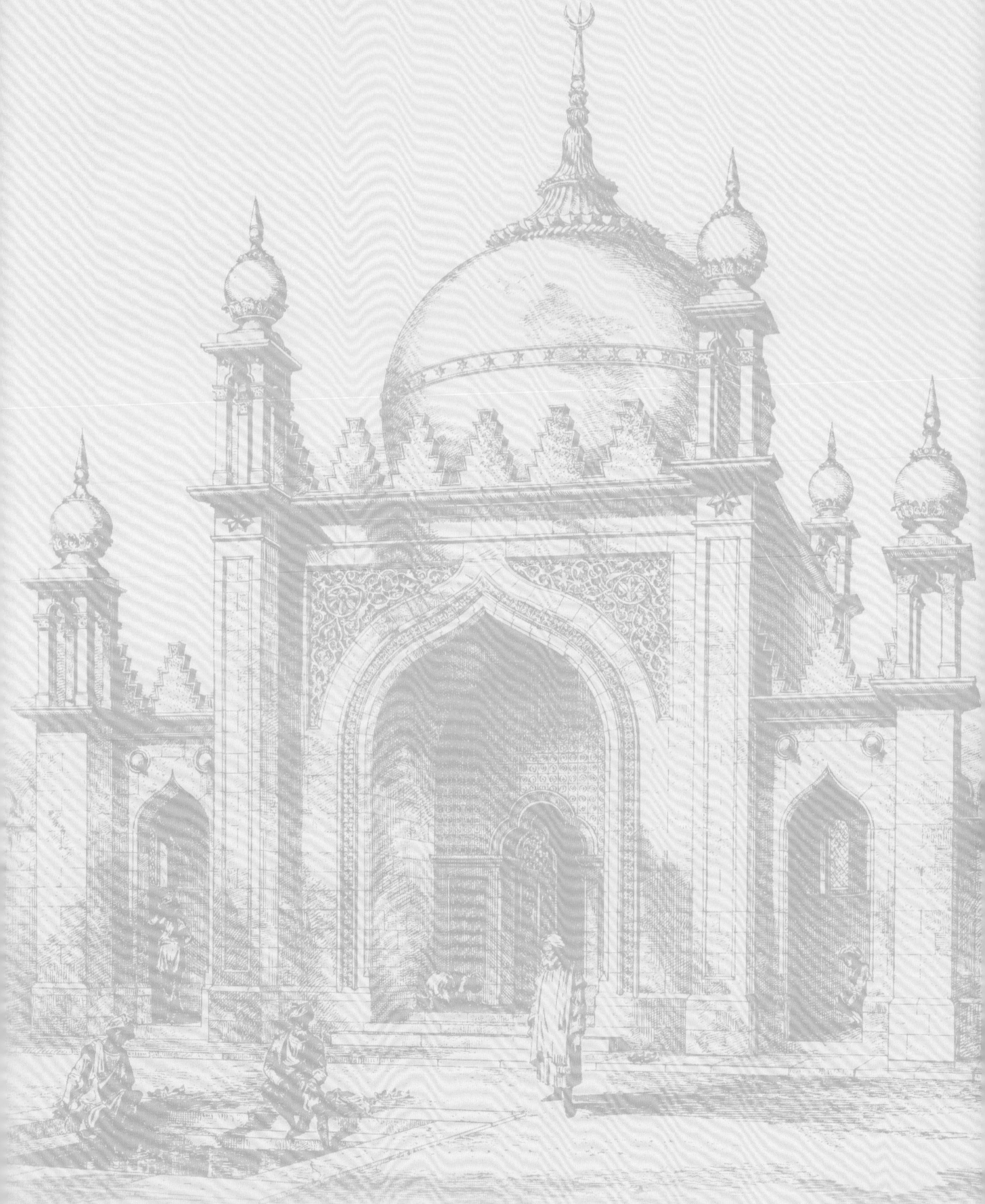

History of the World

画给孩子的
世界历史

吕蕊江·著

SPM 南方传媒 | 新世纪出版社
·广州·

图书在版编目（CIP）数据

画给孩子的世界历史 / 吕蕊江著 . — 广州 : 新世纪出版社, 2023.7
ISBN 978-7-5583-3770-3

Ⅰ.①画… Ⅱ.①吕… Ⅲ.①世界史—少儿读物 Ⅳ.① K109

中国国家版本馆 CIP 数据核字 (2023) 第 031435 号

出 版 人：陈少波
责任编辑：陈　潜
责任校对：叶　莹
责任技编：王　维
装帧设计：易珂琳

画给孩子的世界历史
HUA GEI HAIZI DE SHIJIE LISHI
吕蕊江　著

出版发行：新世纪出版社（广州市越秀区大沙头四马路 12 号 2 号楼）
经销：全国新华书店
印刷：天津海顺印业包装有限公司
开本：635 mm × 1016 mm　1/16
印张：10.25
字数：285 千
版次：2023 年 7 月第 1 版
印次：2023 年 7 月第 1 次印刷
定价：96.00 元

版权所有，侵权必究。
如发现图书质量问题，可联系调换。
质量监督电话：020-83797655　购书咨询电话：010-65541379

孩子们，这一页不是给你们看的，而是写给比你们年长、也许会翻翻这本书的成年人看的。他们会把这一页称为——

序 言

让孩子了解一些在他们出生之前，世界上发生过的事。

让孩子从以自我为中心的封闭生活中跳出来，这样他们就会知道，眼前的小世界并不是一切。

让孩子拓宽眼界，鉴往知来。

让孩子熟悉历史上的重大事件和著名人物，明确这些事件和人物所处的时间和空间，为他们将来的系统性学习打下基础。

为孩子提供一本历史年鉴，并附上要点指南，这样他们以后就能一一对应学到的历史知识了。

以上就是这本儿童世界史的写作宗旨。

这就是——

时间阶梯

　　历史的阶梯是从这个时间阶梯底部以下更远、更远的过去开始的，然后一级一级地向上、向上、向上，直到我们现在的位置，也就是我们生活的时代。每一级台阶是100年，每一层阶梯是1000年。这个阶梯还可以不断地向上升，一直升到高空。让我们站在我们所处的"当代"的位置往下看，了解那些发生在过去漫长岁月中的故事吧！

目录

第 1 章　万物的起源　/ 2

第 2 章　穴居的人们　/ 4

第 3 章　火！火！火！　/ 6

第 4 章　从飞机上往下看　/ 8

第 5 章　真正的历史从这里开始　/ 10

第 6 章　古埃及人的谜题　/ 12

第 7 章　建造坟墓的人　/ 14

第 8 章　没有钱的丰饶之地　/ 16

第 9 章　刚硬如铁的斯巴达人　/ 18

第 10 章　奥林匹克的桂冠　/ 20

第 11 章　梳着螺旋鬈发的国王们　/ 22

第 12 章　奇迹与邪恶并存的城市　/ 24

第 13 章　宴会上的突袭　/ 26

第 14 章　世界的另一边：古代印度　/ 28

第 15 章　中国人的世界　/ 30

第 16 章　富人和穷人　/ 32

第 17 章　罗马人赶走了国王　/ 34

第 18 章　希腊对波斯　/ 36

第 19 章　战争狂　/ 38

第 20 章　以一当千　/ 40

第 21 章　黄金时代　/ 42

第 22 章　当希腊人遇上希腊人　/ 44

第 23 章　智者和愚人　/ 46

第 24 章　一位少年国王　/ 48

第 25 章　找碴儿打仗　/ 50

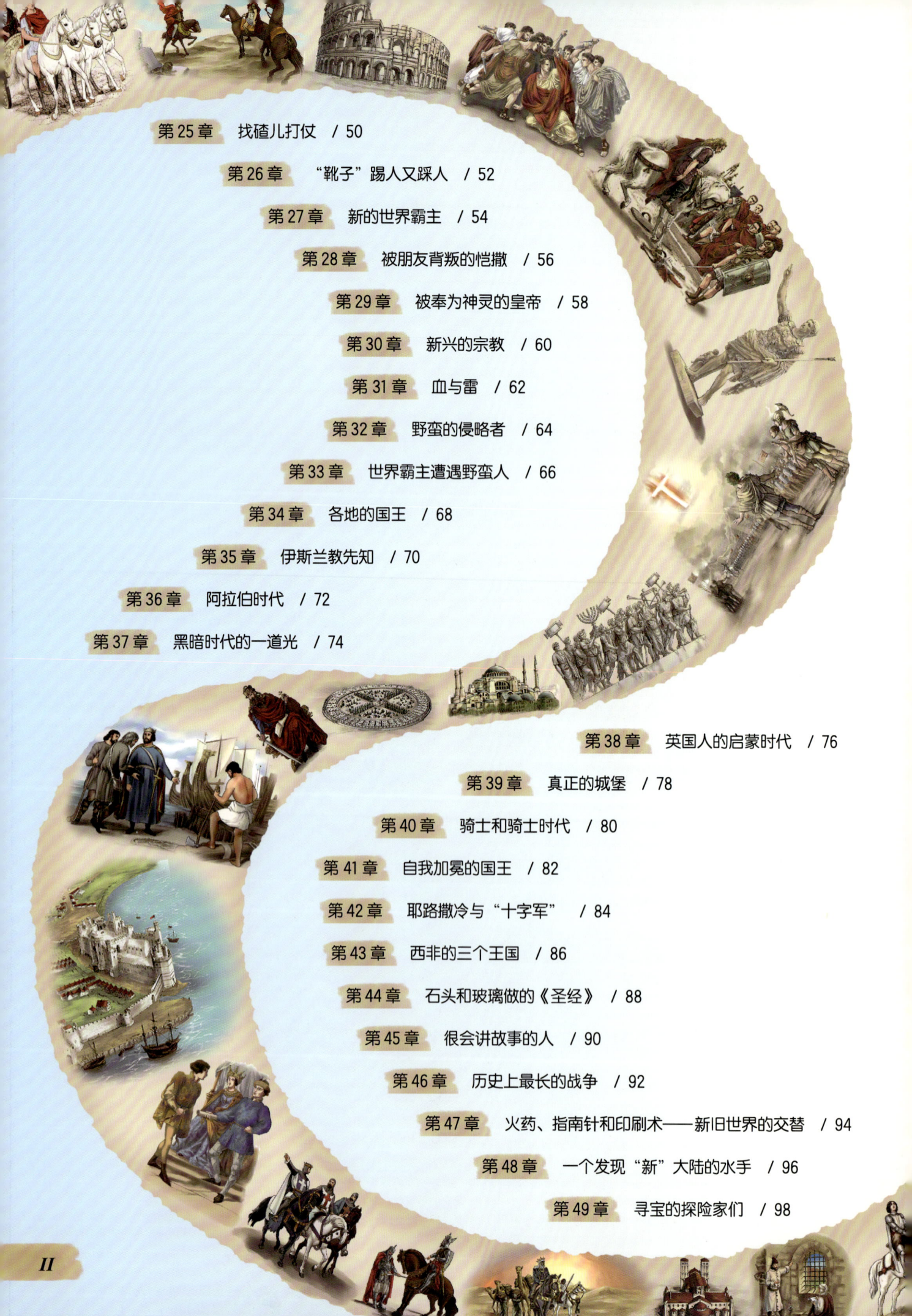

第 26 章　"靴子"踢人又踩人　/ 52

第 27 章　新的世界霸主　/ 54

第 28 章　被朋友背叛的恺撒　/ 56

第 29 章　被奉为神灵的皇帝　/ 58

第 30 章　新兴的宗教　/ 60

第 31 章　血与雷　/ 62

第 32 章　野蛮的侵略者　/ 64

第 33 章　世界霸主遭遇野蛮人　/ 66

第 34 章　各地的国王　/ 68

第 35 章　伊斯兰教先知　/ 70

第 36 章　阿拉伯时代　/ 72

第 37 章　黑暗时代的一道光　/ 74

第 38 章　英国人的启蒙时代　/ 76

第 39 章　真正的城堡　/ 78

第 40 章　骑士和骑士时代　/ 80

第 41 章　自我加冕的国王　/ 82

第 42 章　耶路撒冷与"十字军"　/ 84

第 43 章　西非的三个王国　/ 86

第 44 章　石头和玻璃做的《圣经》　/ 88

第 45 章　很会讲故事的人　/ 90

第 46 章　历史上最长的战争　/ 92

第 47 章　火药、指南针和印刷术——新旧世界的交替　/ 94

第 48 章　一个发现"新"大陆的水手　/ 96

第 49 章　寻宝的探险家们　/ 98

第 50 章　迷人的土地：寻金和探险　/ 100

第 51 章　东非的海岸线　/ 102

第 52 章　文艺复兴时代　/ 104

第 53 章　基督教徒的争端　/ 106

第 54 章　伊丽莎白一世　/ 108

第 55 章　斯图亚特王朝的开端　/ 110

第 56 章　被处死的国王　/ 112

第 57 章　红帽子和红高跟鞋　/ 114

第 58 章　一个自力更生的人　/ 116

第 59 章　腓特烈大帝　/ 118

第 60 章　美国摆脱了英王　/ 120

第 61 章　天翻地覆　/ 122

第 62 章　小巨人拿破仑　/ 124

第 63 章　拉丁美洲和加勒比群岛　/ 126

第 64 章　从山林之神的牧笛到留声机　/ 128

第 65 章　1854—1865 年的旧报纸　/ 130

第 66 章　三个新国家和三张新邮票　/ 132

第 67 章　奇迹时代　/ 134

第 68 章　不一样的革命——工业革命　/ 136

第 69 章　第一次世界大战　/ 138

第 70 章　短暂的 20 年　/ 140

第 71 章　现代的"野蛮人"　/ 142

第 72 章　抗击"野蛮人"　/ 144

第 73 章　世界新风潮　/ 146

第 74 章　苏联　/ 148

第 75 章　昨天、今天和明天　/ 150

本书制作团队

特约监制：周　锦　郭　翔

产品经理：吕蕊江

特约编辑：孙悦久

封面设计：刘　睿　易珂琳

版式设计：一　林

内文排版：大奥睿臣文化传播

图画绘制：何莉莉　张　扬

美术监制：何莉莉

营销支持：王宏宇

你的历史之旅即将从这里开始……

第 1 章 万物的起源

在很久很久以前，我们的地球根本就不存在。天空中的星星是没有"五个角"的，它们是很大很大的燃烧着的"火球"。

在众多火球中，有一个就是我们的太阳。它不断地旋转着，四处喷溅着火花。

太阳喷溅出的这些火花，就像壁炉里燃烧的木柴上喷出来的火花一样会冷却下来。其中有一个冷却的火花是什么呢？没错，就是我们现在居住的地球。

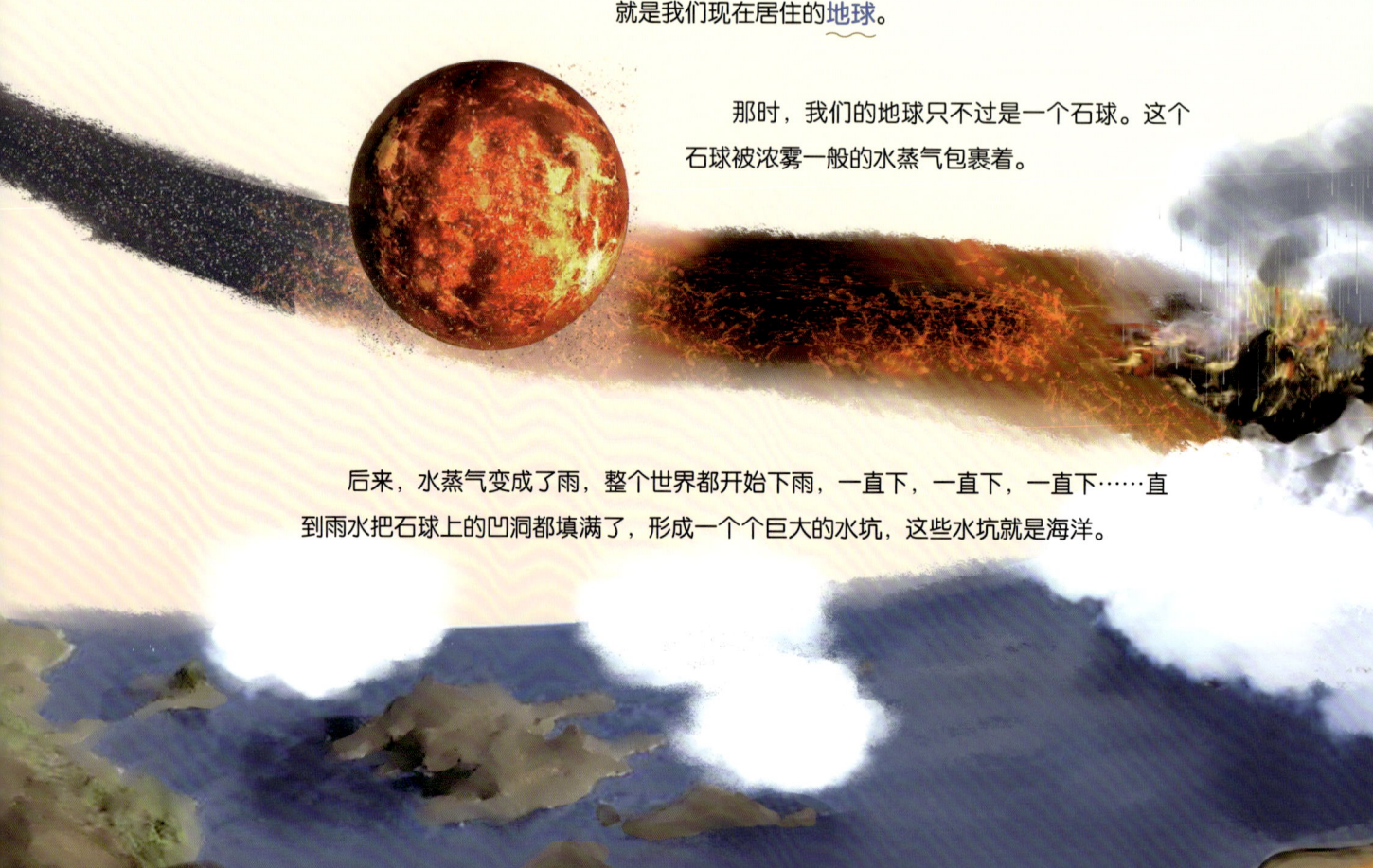

那时，我们的地球只不过是一个石球。这个石球被浓雾一般的水蒸气包裹着。

后来，水蒸气变成了雨，整个世界都开始下雨，一直下，一直下，一直下……直到雨水把石球上的凹洞都填满了，形成一个个巨大的水坑，这些水坑就是海洋。

于是，最初的生物出现了，它们是非常非常小的植物，小到只有用显微镜才看得到。

慢慢地，土壤覆盖了岩石，把岩石变成陆地。植物就在陆地上生长得越来越多了。

后来，非常非常小的动物在水里产生了。它们只有那么一点点，就像最初的植物一样，只有在显微镜下才能看得到。

再后来，出现了类似昆虫的生物，它们有些生活在水下，有些生活在水面，还有些生活在空中。

再后来，鱼儿出现了，它们只生活在水里。

再后来，蛙类出现了，它们既可以生活在水里，也可以生活在陆地上。

再后来，出现了蛇类和比鳄鱼还大的巨型蜥蜴。它们长得很大很大。

再后来，产卵的鸟儿出现了。接着，哺乳动物也出现了，比如大象、猴子、牛，它们生出下一代之后，会喂奶给小宝宝吃。

到最后，出现了——你猜猜，是什么呢？答对了，是人类——男人和女人。

你再猜猜，接下来会发生什么呢？

我们在这里！

3

第 2 章 穴居的人们

考古学家们曾在地球上的许多地方挖掘，挖得很深，然后发现了很多弓箭、矛和斧头。这些东西距今已经几百万年了，那时候还没有人记录历史呢！因为这些弓箭、矛和斧头都是用石头做成的，所以这段时期被称为"石器时代"。

石器时代的人们全身都长着毛发，他们没有房子可住，就靠着大岩石或在山边找个洞穴住进去，以躲避严寒、风雨和野兽。所以，这个时期的人们被称为"穴居人群"。

他们白天要打猎，同时要提防和躲避凶猛的野兽。他们一般会设陷阱捕猎，还会用棍棒、石块、石箭、石斧等杀死猎物。他们还会用石头把这些动物的样子刻画在洞穴的墙壁上，其中一些图画我们现在还能看到。

4

他们靠吃浆果、坚果和种子为生，也会去掏鸟窝。因为当时没有火来煮熟食物，他们只能把鸟蛋生吃下去。

这些原始人大部分时间都在觅食和躲避猛兽，不然他们自己就会成为野兽的食物。但是，他们有两样东西比动物的利爪、强壮的肌肉和厚实的皮肤更有用，那就是更智慧的大脑和灵巧的双手。他们会用大脑思考，能想到很多好办法。

于是，他们想到了可以使用工具，还可以用自己的双手制造工具。没有尖牙，他们可以用矛；没有可以保暖的厚厚的毛皮，他们就用动物的毛皮来代替。

但由于生活条件太恶劣，当时大部分人早早就死掉了，能活到成年的人是非常少的。

假如你是一个石器时代的孩子，你会喜欢生活在那个时代吗？

第3章 火！火！火！

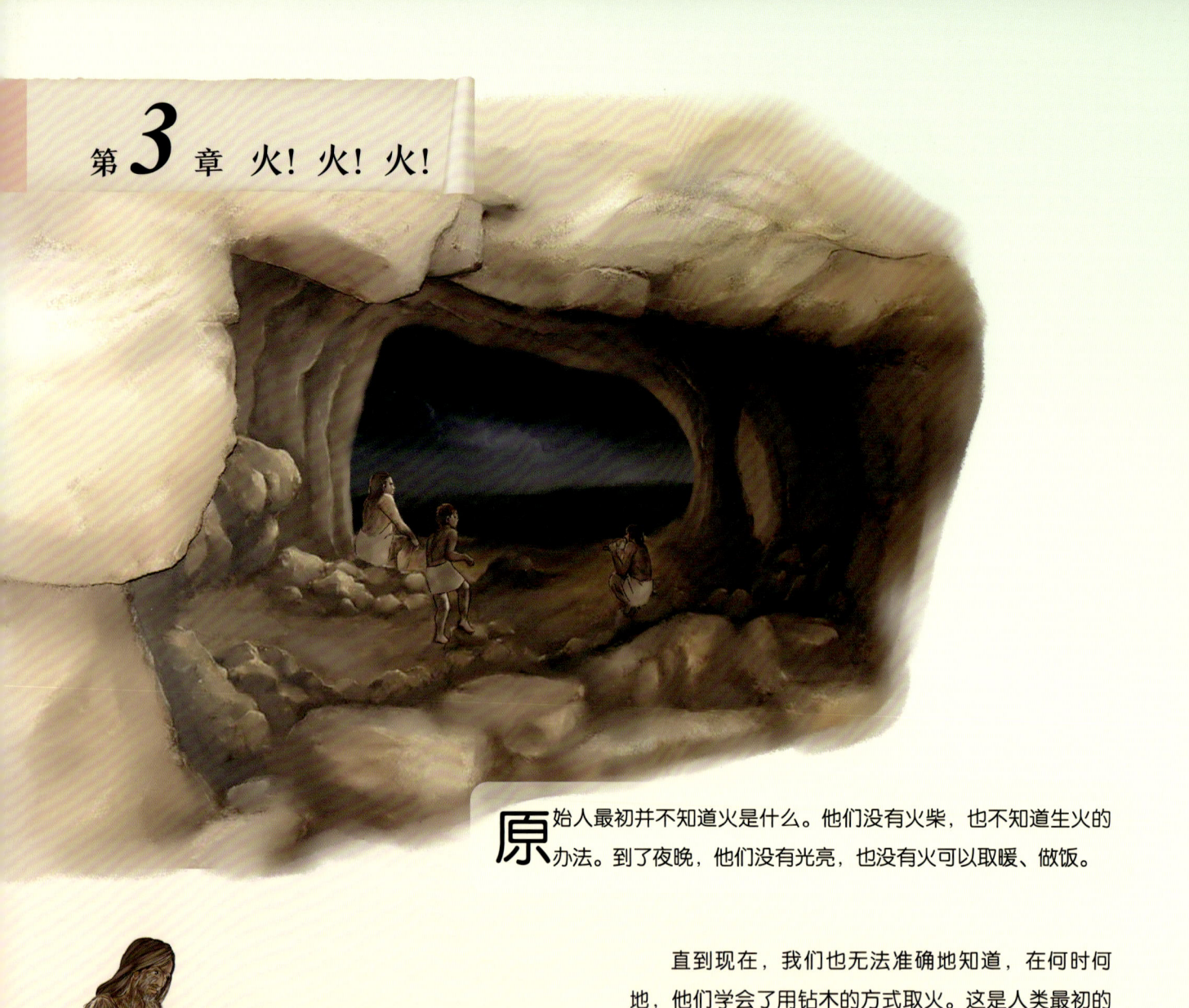

原始人最初并不知道火是什么。他们没有火柴，也不知道生火的办法。到了夜晚，他们没有光亮，也没有火可以取暖、做饭。

直到现在，我们也无法准确地知道，在何时何地，他们学会了用钻木的方式取火。这是人类最初的发明之一，这项发明对于当时的人类来说意义重大，如同我们这个时代电灯的发明一样。

生活在石器时代的人们，从来没见过也没听说过铁、钢、锡、铜这些金属，更别提用这些金属制成的东西了。他们在没有任何金属制品的情况下度过了千万年。

突然有一天，有个人无意间发现了这样一种情况：他在生火的时候，放了一圈石头把火围起来。碰巧的是，那些并不是普通的石头，而是我们现在所说的矿石，矿石里面含有铜。火的高温熔化了矿石里面的铜，使它流到地面上来，一滴一滴亮闪闪的，非常漂亮！

于是，他们又把一些同样的石头放入火中加热，得到了更多的铜。这就是最早被人们发现的金属。

最初，因为铜看上去亮晶晶的，人们用它做成各种珠子和饰品。很快，他们又发现铜可以被锤炼成锋利的刀刃和箭头，这可比他们以前用石头做的强多了。

接下来，锡也是在类似的情况下被发现的。之后，他们发现将锡和铜混合锻造出的金属比单种金属更硬、更好。这种锡和铜的合金，我们现在称之为青铜。

有那么两三千年的时间，人们都用青铜制造的工具和武器来打猎和作战，我们称这个时代为"青铜时代"。

后来，又有人发现了铁，人们很快就发现用铁制造的东西比用青铜制造的要硬。人类就此进入了"铁器时代"，它持续了3000多年。

发现金属之后，人们能做的事情比以前可要多多了。

第 4 章 从飞机上往下看

黑海

如果我们在西亚搭乘飞机，向下看早期的人们曾居住过的地方，会看到两条河流、一片海洋和一个海湾。在高空中俯视，它们看上去是这样的：

这里的两条河，一条是底格里斯河，另一条是幼发拉底河。它们流啊流啊，最后交汇到一起，流进了波斯湾。这两条河旁边，是古代的巴比伦、亚述帝国和叙利亚。

希腊

如果我们继续乘飞机向西飞，会看到一个叫作埃及的国家、一条名为尼罗河的河流和一片海洋——现在叫作地中海。为什么叫地中海呢？因为它被陆地环绕着。

地中海

尼罗河沿岸住着另外一些民族。在埃及和北非的其他地方，埃及人和柏柏尔人跟中东的闪米特人有亲族关系，而来自埃及南部的努比亚人则属于尼罗—撒哈拉族。看看地图，你就能明白这个名称是怎么来的了。他们居住在尼罗河沿岸，临近撒哈拉大沙漠。这些努比亚人沿着尼罗河峡谷向北迁徙，进入埃及。有时埃及人也会迁往南方，进入努比亚。

埃及

尼罗河

8

叙利亚

底格里斯河

亚述帝国

幼发拉底河

巴比伦

里海

还有一群人也源自这个地区，就是现在的伊朗人，当时，他们被称为雅利安人。雅利安人四处迁徙，向东进入印度北部，向西到了欧洲。现在的欧洲人、伊朗人和印度人都是早期雅利安人的后代。

现在我们知道，这些古代人其实经常迁徙，频率远超出我们的想象。不同族群之间会交换种植不同的作物，也会相互交换物品。有时人们找到一片新的土地，就会在那里安顿下来，从此定居。

波斯

波斯湾

生活在底格里斯河、幼发拉底河和尼罗河沿岸的部落有很多，他们都想占据最好的土地，这就导致了战争。人们总是不断地迁徙，有时是因为打了败仗不得不迁徙，有时也是为了寻找更好的居住地。

接近地中海、底格里斯河和幼发拉底河，在我们今天称之为中东的土地上，住着闪米特人。现在的阿拉伯人和犹太人都是闪米特人的后代。

红海

9

第 5 章 真正的历史从这里开始

几千年前，在我们的祖先生活的那个时代，发生了一些事情，而这些事被记录下来，就是历史。多数专家认为，人们记录历史最早是从北非和中东开始的。

四大文明古国都发源于河谷

世界上不同地区的早期文明人，尽管相距遥远，但各自都发明了自己的文字。遗留下来的文字记录，我们至今只能够读懂其中一些，还有一些则是未解之谜。

早期的文明古国共有四个，分别是古埃及、古巴比伦（国外称美索不达米亚）、古印度和中国（华夏）。从记载中，我们可以知道，这四大文明古国都发源于河谷。

古埃及是沿着尼罗河河谷建立的，古巴比伦发源于底格里斯河和幼发拉底河的河谷沿岸，古印度起源于印度河流域，而中国（华夏）则是在黄河流域发展起来的。

河谷是住人的好地方，这里的食物通常很充足，动物有水喝，植物也能得到灌溉。所以，在这几个地方居住的人越来越多、越来越密集，渐渐形成了城镇。

后来，城镇的人们开始建造小船，接着建造大船。之后，这些船只就开始在河上航行，一直到临近的城镇，再到很远很远的城镇。于是，城镇之间开始了贸易往来，当然，有时候不免也会发生战争。

学会建造船只后，城镇之间的交流更顺畅了

避免城镇之间发生战争的一个好办法，就是让它们处于一个统治者的治理之下。于是，各地都陆续成立了政府，这时就会有一个国王或者皇帝，又或是法老成为政府的首脑，这些人也就是我们现在所说的国家统治者。

回顾这些河流文明，你会发现这一小段历史确实很了不起，这意味着人类的生活揭开了新的、令人振奋的一页。人们在河谷居住、耕种，接着建造城镇、彼此通商，发展到后来形成国家。在这个过程中，他们开始写下自己的历史。

为了避免发生战争，各地都有了各自的统治者

第 6 章 古埃及人的谜题

古埃及是最早开始使用文字的地区之一。他们的文字像图画一样，被我们称作**象形文字**。那时还没有纸，古埃及人就把字写在一种叫**纸莎草**的植物的茎秆上。他们也没有笔，于是把芦苇的末端撕开当作笔，将水和烟灰混在一起当墨水。

只是，那些会写、会读象形文字的古埃及人去世了之后，在很长一段时间里，没有人能懂得这种文字。直到**19世纪初**，才有人无意中发现并破解了这种文字，来看看他是怎么知道的吧。

纸莎草

在尼罗河流域，有一个叫作罗塞塔的海港。有一天，一些士兵在罗塞塔附近挖出了一块形似墓碑的石头，上面刻着几种不同的文字。最上面的文字像图画一样，就是我们所说的象形文字。象形文字下面是古希腊文，它的内容应该和象形文字的内容一样，而很多人都看得懂古希腊文，因此，要理解象形文字的意思，只要将这两种文字相互对照就行了。

这是个很有趣但并不简单的谜题，为了解开它，人们花了将近20年的时间。就这样，人们找到了解谜的钥匙，通过这些象形文字，知道了多年前那里究竟发生过什么。

罗塞塔碑

那块石头被称作**"罗塞塔碑"**，现在陈列在伦敦的大英博物馆里。全靠它，让我们了解了更多的历史。

古埃及是个适合生活的好地方，因为尼罗河每年周期性泛滥。雨季的时候，河水溢出会淹没部分土地。待大水退去后，被淹没的地方会留下一层肥沃而湿润的黑色泥土。这种黑色泥土是一种天然肥料，因此古埃及很适合种植枣树、小麦和其他好吃的东西。

古代埃及的统治者叫作**法老**，第一位法老是**美尼斯**，他生活在**公元前3100年**前后。

古埃及的人被划分成不同的等级。除了法老，等级最高的是祭司，他们受教育程度最高，只有他们才会阅读和书写象形文字。他们负责制定宗教教义和行为规范，这些教义和行为规范每个人都必须遵从。

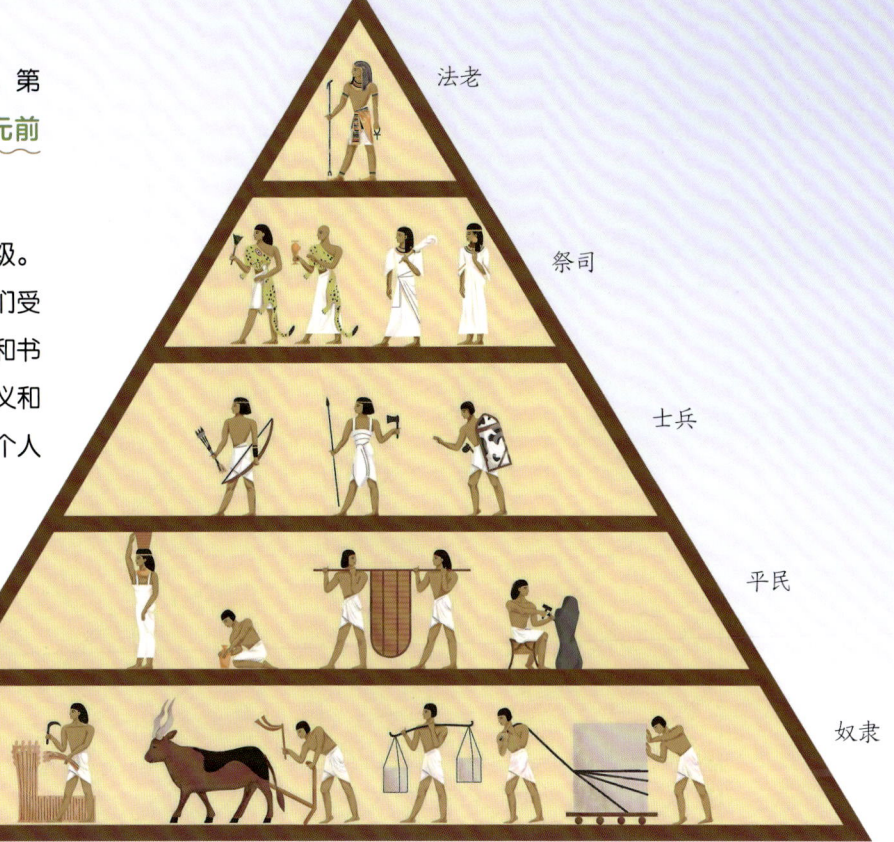

仅次于祭司的是士兵，再往下就是平民——农民、牧羊人、商人、手工业者等。处于最低阶级的是奴隶。

古埃及人信奉**多神教**，他们相信所有的东西都有一个特定的神来掌管和主宰，比如农场有农神，家庭有家神等。很多神的形象都是人身动物头，这些动物在古埃及人眼中是很神圣的。

古埃及的壁画中，有很多与他们崇拜的神有关的内容

13

第 7 章 建造坟墓的人

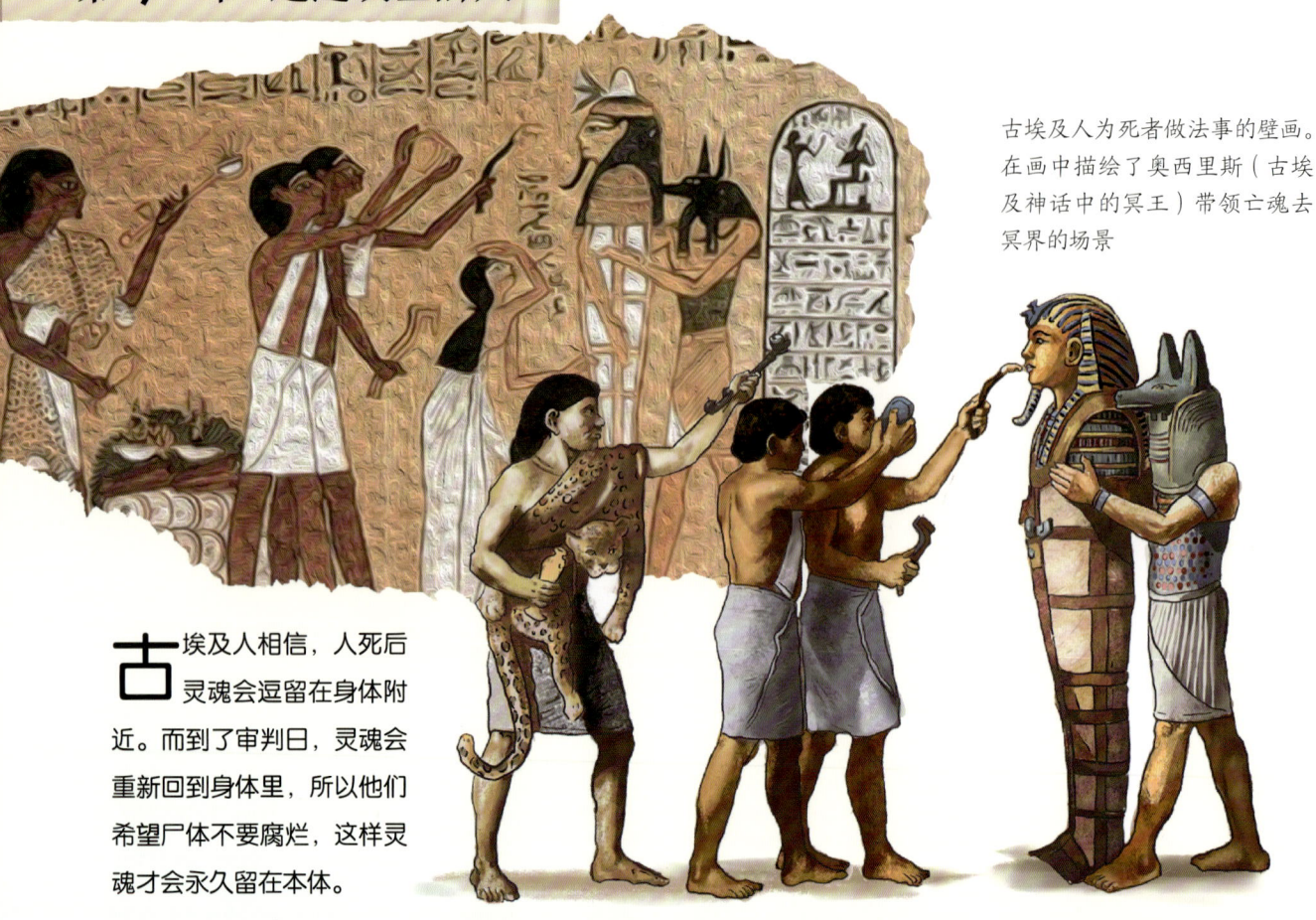

古埃及人为死者做法事的壁画。在画中描绘了奥西里斯（古埃及神话中的冥王）带领亡魂去冥界的场景

古埃及人相信，人死后灵魂会逗留在身体附近。而到了审判日，灵魂会重新回到身体里，所以他们希望尸体不要腐烂，这样灵魂才会永久留在本体。

为此，他们用一种叫作泡碱粉的矿物质浸泡死者，然后像绑绷带一样把尸体一圈圈地包裹起来。用这种方法处理过的尸体叫作**木乃伊**。数千年后的今天，我们仍然可以看到木乃伊。它们已经发黄、变干，看起来就像皮包骨的小老头。

为了避免尸体被偷走或被动物吃掉，古埃及人会在尸体上垒起一堆石头，把它掩盖起来。而法老和富人们希望盖住自己尸体的石头堆比普通人更大，因此他们在活着的时候就开始给自己修建掩盖尸体的石头堆。于是，石堆越砌越高大，像石头山一样，这就是**金字塔**。

法老在活着的时候，就开始给自己修筑金字塔了

那个年代要许多人一起推拉，才能挪动大石块来建造金字塔，有的金字塔要修建很多年

现在你该明白了，金字塔就是法老的坟墓。事实上，比起活着时给自己造房子，法老们更热衷于给自己死后的尸体筑坟墓。所以，法老们不造宫殿，却修建金字塔。尼罗河沿岸有很多金字塔，大多建于公元前3000年左右。

现代人盖房子，会用绞车、起重机来搬运、吊升巨石和大梁。但古埃及人没有这些机器，只能靠许多人一起工作，才能把大石头从很远的地方运过来，再抬到合适的地方。

世界上最大的三座金字塔都在埃及的首都开罗附近，其中最大的一座叫作**胡夫金字塔**，是法老胡夫派人建造的。据说，10多万人参与建造，花了20多年时间建成。它是当时世界上最大的建筑物之一，其中有的石块的大小就和一间房子差不多。

胡夫金字塔旁边是一座巨大的狮身人面雕像，叫**斯芬克斯**，它由一整块石头雕刻而成。斯芬克斯是掌管早晨的神。现在，雕像的爪子和大部分身体都被沙漠的风沙所掩盖，尽管不时有人来清理，但强风一起，雕像又会被掩埋在沙石中。

被风沙侵蚀的斯芬克斯像和金字塔

15

第 **8** 章 没有钱的丰饶之地

在前面说过两条名字有点奇怪的河流——底格里斯河和幼发拉底河，你还记得吗？这两条河流之间的那块地方就叫作**美索不达米亚**。在它们交汇处附近有一块陆地，叫**古巴比伦**。

古巴比伦是个非常富庶的国家，据说小麦最初就是在这里生长的。大枣在当时几乎与小麦一样重要，而古巴比伦也盛产大枣。那时候人们都没有钱，只有猪、绵羊、山羊这些家畜，养很多家畜的人就是富人。如果你想要什么东西，就得拿自己的东西去和别人交换。

在古巴比伦，如果你想要什么东西，就得拿自己的东西去和别人交换

在古巴比伦，有一座很高大的塔，叫**巴别塔**。说它是塔，其实它更像是一座山。有人说，这种高大的建筑是为了让人们在洪水泛滥时爬到高处；还有人说，这座塔是为了在高处放置祭坛，让祭坛接近天堂。巴别塔内部没有梯子，人们在塔外修了一条曲折向上的路，像一条弯弯曲曲的山路那样。

古巴比伦和古埃及不同，附近没什么石头，因此古巴比伦人用砖来盖房子。他们的砖是用泥土在太阳底下晒干制成的。随着时间的流逝，这种泥砖会慢慢碎裂，所以古巴比伦的建筑如今都荡然无存了。

实际上，人们并没有见过巴别塔，只能根据文献记载想象它高大的样子

古埃及人在纸莎草上写字或者把字刻在石头上，而古巴比伦人既没有纸莎草也没有石头，他们只有砖，所以就把字写在砖上。那怎么写的呢？他们趁着砖还没被晒干的时候，用树枝在软泥上刻下一些符号，这种符号叫作<u>楔形文字</u>。

古巴比伦人日夜照看他们的家畜，与此同时，他们不断观察着天空中太阳、月亮和星星的变化运动，对于这些天体的了解也就越来越多。大约在公元前2300年，他们预言了日食的发生。日食是一种自然现象，月亮在天空中运行，恰好到了太阳前面，挡住了太阳光。你现在知道古巴比伦人对天体有多了解了吧！

古巴比伦人喜欢观察天体的运行

公元前1770年前后，古巴比伦有一位国王因为颁布了一部法典而声名远播，他的名字叫<u>汉穆拉比</u>。我们现在还能看到这部<u>《汉穆拉比法典》</u>，因为法典是用楔形文字刻在石柱上的。这个名字虽然奇怪，却是这位国王的真名呢！

《汉穆拉比法典》是用楔形文字刻在石柱上的

17

第9章 刚硬如铁的斯巴达人

地中海上的一个小岛附近有个国家叫作**希腊**，生活在那里的人就是希腊人。希腊是神话的故乡，因为希腊人信仰多神教，他们信仰很多男神和女神，还为他们的神建造了许多美丽的雕像，写了很多赞美诗和故事。

古希腊有一个城邦叫**斯巴达**，大约在公元前900年，斯巴达有个叫**莱克格斯**的男人，他希望斯巴达能成为世界上最强大的城邦，因此制定了一系列的规则，让人们按照这些规则生活。这些规则非常严酷，但它们确实让斯巴达人变得"刚硬如铁"。

斯巴达的男孩7岁起就要离开母亲，住到学校去，直到60岁。在学校里，他们学的东西和你现在学的完全不一样，他们不学数学、地理、历史，而是研习如何成为一名优秀的战士。为此，他们要练习跑步、掷铁饼、拳击、击剑和格斗等。

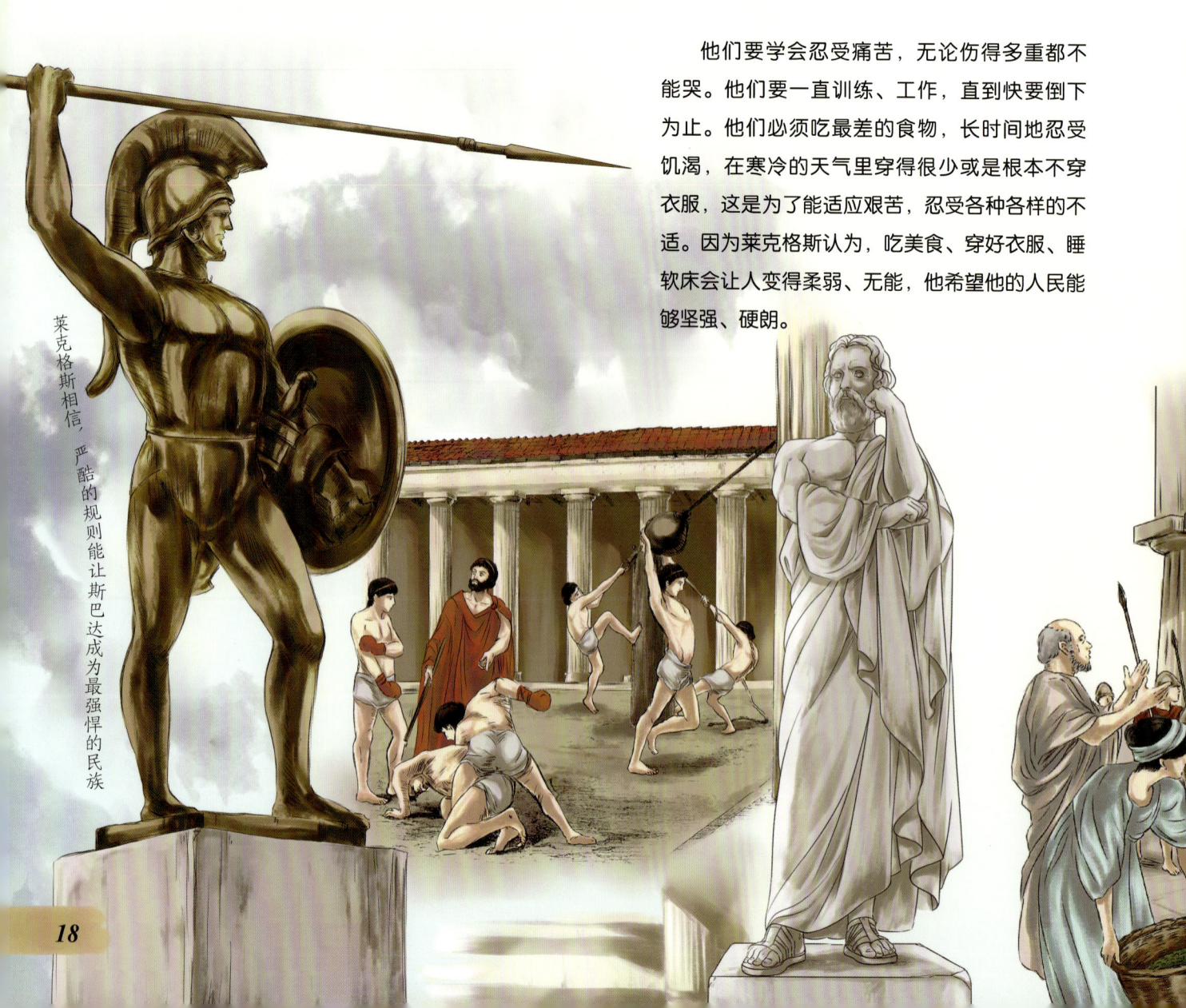

他们要学会忍受痛苦，无论伤得多重都不能哭。他们要一直训练、工作，直到快要倒下为止。他们必须吃最差的食物，长时间地忍受饥渴，在寒冷的天气里穿得很少或是根本不穿衣服，这是为了能适应艰苦，忍受各种各样的不适。因为莱克格斯认为，吃美食、穿好衣服、睡软床会让人变得柔弱、无能，他希望他的人民能够坚强、硬朗。

莱克格斯相信，严酷的规则能让斯巴达成为最强悍的民族这种艰苦的训练，的确使斯巴达人成了当时世界上最强壮、最优秀的战士。他们征服了周围国家的民众，使其变为他们的奴隶，但是……

我们以后会知道莱克格斯的想法对不对。

埃皮道鲁斯剧场是希腊古典建筑中著名的露天剧场之一，是专为艺术表演而建造的

在斯巴达的北边，有一个叫**雅典**的大城邦。古希腊有很多城邦，斯巴达和雅典是最重要的两个。雅典人的生活和想法与斯巴达人完全不一样。雅典人喜欢各种美丽的事物，他们和斯巴达人一样热爱各种体育活动，但同时他们还热爱音乐和诗歌，热爱美丽的雕塑、油画、建筑物和所有精美的艺术品。

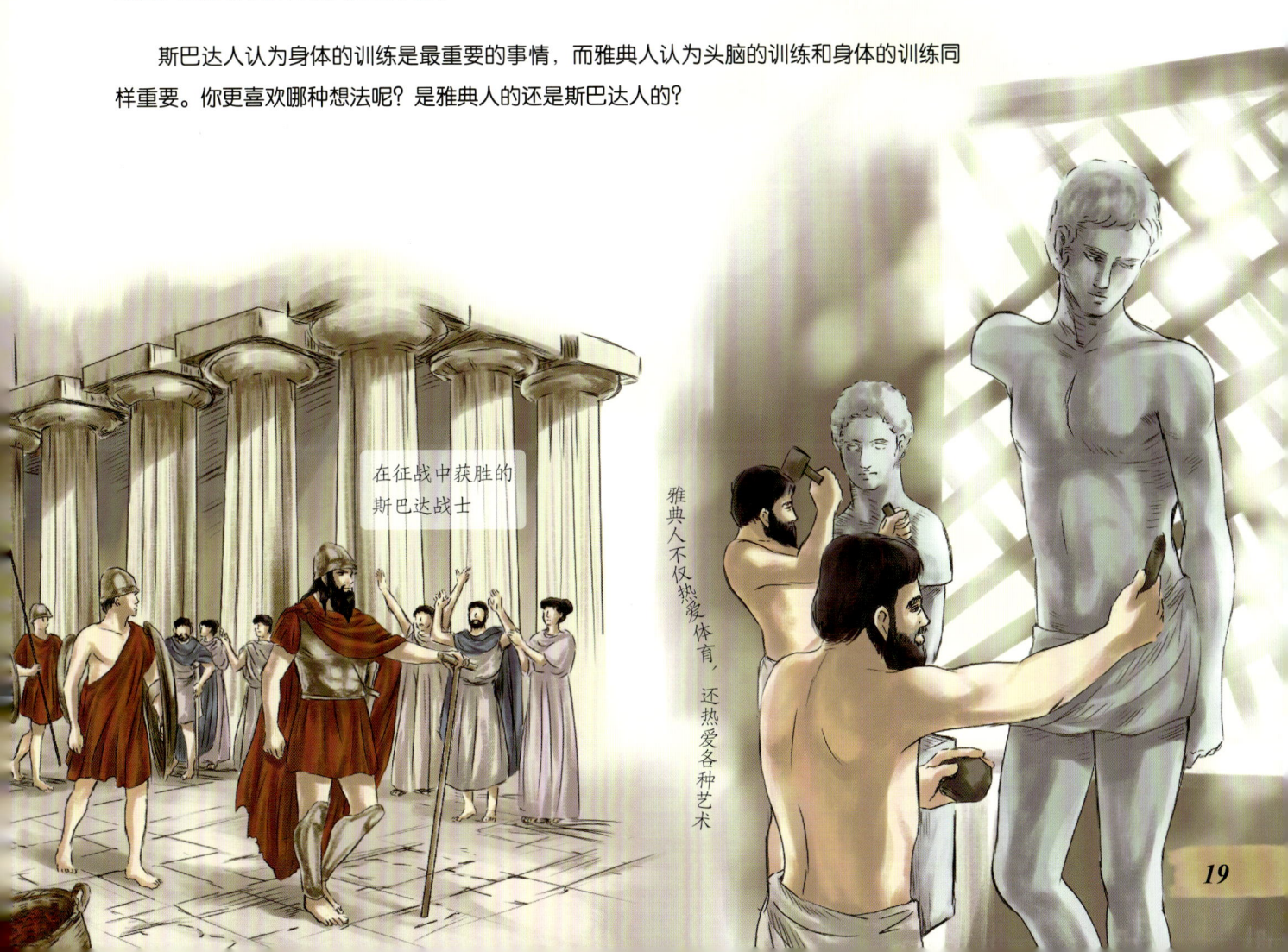

斯巴达人认为身体的训练是最重要的事情，而雅典人认为头脑的训练和身体的训练同样重要。你更喜欢哪种想法呢？是雅典人的还是斯巴达人的？

在征战中获胜的斯巴达战士

雅典人不仅热爱体育，还热爱各种艺术

19

第 10 章 奥林匹克的桂冠

古希腊的人们喜欢各种各样的户外活动，因此全国各地经常举行运动比赛。最盛大的运动会叫作奥林匹克，因为它在希腊南部的奥林匹亚举行，每四年才举行一次。到那时，来自全国各地的优秀选手都会聚集在此，决出全希腊的冠军。

当时，只有男性才能参加这种重大的比赛，比赛持续五天，开始和结束时都会有队伍游行。比赛期间各种战事都须停止。比赛的种类有很多，如赛跑、跳高、摔跤、拳击、战车赛、掷铁饼……

任何在比赛中作弊的运动员都会被淘汰出局，而且还会被永远禁止参赛。希腊人信奉我们现在所说的体育精神，他们获胜了不骄傲，失败了也不找借口。

在一项或多项比赛中夺冠的运动员是全希腊的英雄，尤其是他代表参赛的那个城邦的英雄。冠军并没有奖金，但人们会把用月桂树叶做成的花环戴在他的头上，诗人会给他写诗歌，雕刻家会给他刻雕像。

战车赛结束后，人们向获胜者抛撒鲜花、为获胜者颁发桂冠

音乐家们弹奏的乐器被称为里拉琴

除了体育竞赛，还有诗人和音乐家的比赛。他们比赛的内容是看谁能写出最好的诗歌，谁能创作和演奏出最美妙的音乐。音乐家演奏的乐器是一种叫作**里拉琴**（也叫七弦琴）的小竖琴。这些比赛的获胜者得到的不是桂冠，但他们会被群众抬起来欢呼，就像你在现代比赛中见到的那样。

在古希腊历史上，我们能确信无疑的第一个真实事件是在**公元前776年**，奥林匹克运动会上竞走比赛获胜者的记录。这次运动会以后，希腊人开始记载历史日期，这一年是他们的第一年。在这之前，他们没有记录年、月、日的日历，从这以后，古希腊历史差不多都是真实的了。

在奥林匹克运动会停办很久之后，人们认为恢复举办是件好事，它是和平的象征。就这样，相隔2000多年后，第一次现代奥林匹克运动会在1896年举行，不过这次的举办地点不在奥林匹亚，而是在雅典。过去的奥运会总是在希腊举行，现在则每次都在不同的国家举办，而且几乎所有国家都会派运动员参加。过去，只有男性可以参加比赛，现在世界各地的女性也都参与进来了。

相隔2000多年后，奥林匹克运动会终于又恢复举办了。现在，女性也可以参赛了

公元前776—1896

21

第 *11* 章 梳着螺旋鬓发的国王们

亚述帝国在底格里斯河附近

在底格里斯河附近有个城市叫**尼尼微**，那里住着**亚述帝国**的国王。还记得吗？在第四章中曾经讲过亚述帝国的。

亚述帝国和亚述人最为人所知的事情就是他们总是和邻国打仗。因为住在尼尼微的亚述帝国历代国王们都想要更多的土地和更大的权力，所以他们不断攻打邻国，掠夺疆土。这些国王都留着长长的螺旋鬓发，个个骁勇善战，对待俘虏十分残忍，还以此为傲，到处炫耀。人们都很害怕他们。

这样一来，亚述帝国变得越来越强大和专横，世界上很多地方都被它占领了，包括两河流域的美索不达米亚和东边、北边、南边的土地，还有腓尼基以及埃及。

亚述帝国的国王们不打仗的时候，就喜欢用弓箭狩猎，有很多壁画和雕像都描绘了他们骑在马背上或坐在战车上打猎的样子。

亚述帝国的国王们喜欢用弓箭狩猎，很多壁画都描述了这样的场面

22

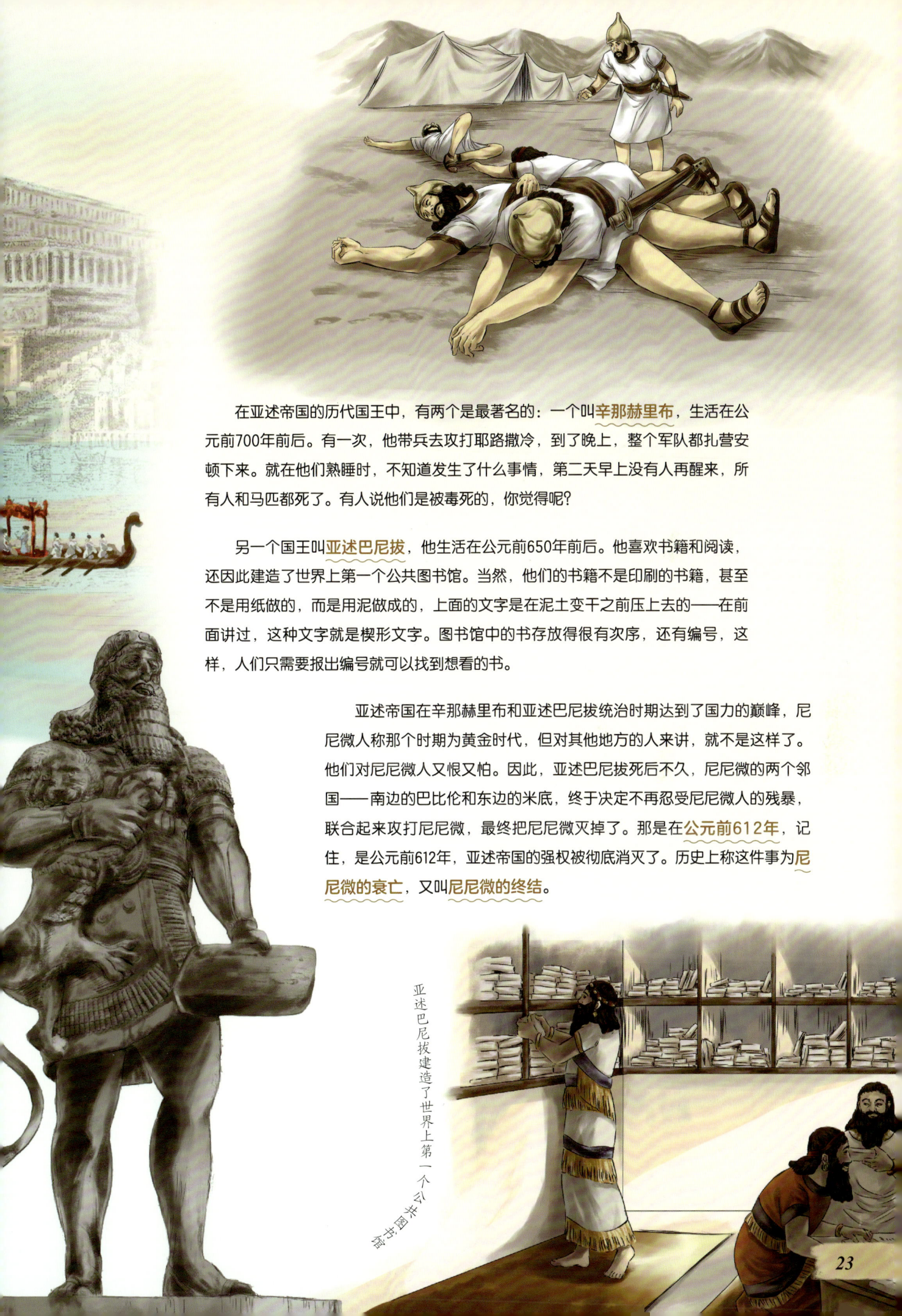

在亚述帝国的历代国王中，有两个是最著名的：一个叫 辛那赫里布，生活在公元前700年前后。有一次，他带兵去攻打耶路撒冷，到了晚上，整个军队都扎营安顿下来。就在他们熟睡时，不知道发生了什么事情，第二天早上没有人再醒来，所有人和马匹都死了。有人说他们是被毒死的，你觉得呢？

另一个国王叫 亚述巴尼拔，他生活在公元前650年前后。他喜欢书籍和阅读，还因此建造了世界上第一个公共图书馆。当然，他们的书籍不是印刷的书籍，甚至不是用纸做的，而是用泥做成的，上面的文字是在泥土变干之前压上去的——在前面讲过，这种文字就是楔形文字。图书馆中的书存放得很有次序，还有编号，这样，人们只需要报出编号就可以找到想看的书。

亚述帝国在辛那赫里布和亚述巴尼拔统治时期达到了国力的巅峰，尼尼微人称那个时期为黄金时代，但对其他地方的人来讲，就不是这样了。他们对尼尼微人又恨又怕。因此，亚述巴尼拔死后不久，尼尼微的两个邻国——南边的巴比伦和东边的米底，终于决定不再忍受尼尼微人的残暴，联合起来攻打尼尼微，最终把尼尼微灭掉了。那是在 公元前612年，记住，是公元前612年，亚述帝国的强权被彻底消灭了。历史上称这件事为 尼尼微的衰亡，又叫 尼尼微的终结。

亚述巴尼拔建造了世界上第一个公共图书馆

第 12 章 奇迹与邪恶并存的城市

巴比伦的国王击败尼尼微后并没有就此停止，因为他希望巴比伦也能像曾经的尼尼微一样强大。因此，他继续征服邻近的国家，直到巴比伦接替尼尼微成为其他国家的统治者。

无与伦比的古巴比伦城

空中花园是举世闻名的世界七大奇迹之一，但现在已经不存在了

后来，这位巴比伦国王去世了，把他庞大的帝国留给了他的儿子——**尼布甲尼撒**，这真是个复杂的名字，对不对？尼布甲尼撒继位后，把巴比伦城建成当时世界上最庞大、最宏伟的城市，比现在的一些大城市还要大。城市呈正方形，四周建有围墙，墙高足有常人身高的50倍！城墙也非常宽，可以容纳一架战车在上面行驶。在城墙上，他还建造了100扇黄铜大门。幼发拉底河从城墙下流过，环绕全城，又从另一边的城墙下流出。

尼布甲尼撒娶了一位米底的可爱公主为妻，并把她带回了巴比伦。米底，你还记得吧？就是那个帮助巴比伦打败尼尼微的国家。由于米底境内山峰众多，而巴比伦国内是一片平原，尼布甲尼撒的王后来到巴比伦不久，就开始思念起家乡来。为了取悦王后，尼布甲尼撒决定为她建造一座小山。令人难以置信的是，他竟然把小山建在了自己宫殿的屋顶上！在小山的各个角落，建了很多美丽的花园，也种了很多树。这样，他的王后就可以坐在树荫下享受美景了。人们称这些花园为"**空中花园**"。巴比伦的空中花园是举世闻名的世界七大奇迹之一。不过，因为空中花园现在已经不存在了，也有人说它并不是尼布甲尼撒建造的，这件事现在还没有定论。

耶路撒冷被尼布甲尼撒的军队摧毁

巴比伦的人面翼牛守护神雕像

尼布甲尼撒信奉多神教，而远在**耶路撒冷**的犹太人只信仰一个上帝。尼布甲尼撒想让犹太人改信他们的众神，但犹太人不愿意。他还想让犹太人给他交税，犹太人也不愿意。于是，尼布甲尼撒就派兵攻打耶路撒冷，摧毁了这座城市，把俘虏的犹太人带回巴比伦，关进监狱，一直关了50年。

巴比伦不仅成为当时世界上最宏伟壮观的城市，也成了最邪恶的地方。巴比伦人尽情享乐，他们只想着吃好、喝好、过得开心，从来不为明天打算，整日灯红酒绿。尽管巴比伦有着巨大的城墙和黄铜大门，最终还是灭亡了。是谁占领了巴比伦？又是怎么占领的呢？你可能永远都猜不到。

第13章 宴会上的突袭

富有的国王克洛伊索斯

没错，现在要讲的，正是巴比伦灭亡的故事。当时毁灭巴比伦的，是米底（还记得吗，尼布甲尼撒的王后就是一位米底的公主）和波斯的统治者，他叫居鲁士。

不过，在讲这个故事之前，得先说到一个小国。这个小国叫吕底亚，当时的国王叫克洛伊索斯，他是世界上最富有的人。因为吕底亚王国有很多金矿，而几乎所有的金矿都属于克洛伊索斯。

在克洛伊索斯时代之前，人们没有我们现在使用的这种钱币。他们想要买东西的时候，只能用其他东西去交换，比如用一些鸡蛋可以换一块肉，或者用一些酒来换一双鞋。想要买一些昂贵的东西，就要付一块金子或银子，并且在买之前还得用天平称一下金子或银子的重量。你可以想象，这会有多么不方便。

为了让买卖更方便，克洛伊索斯把金子和银子分割成小块，并把它们都称一遍，把称过的重量和他的名字或名字的首字母都刻在金块和银块上，表明这些金块和银块的重量已经被他证实过了，他可以担保。这些刻着克洛伊索斯印记的金块和银块，就是世界上第一批真正的钱币，那时候它们还不是圆形的。

居鲁士大帝率兵出征

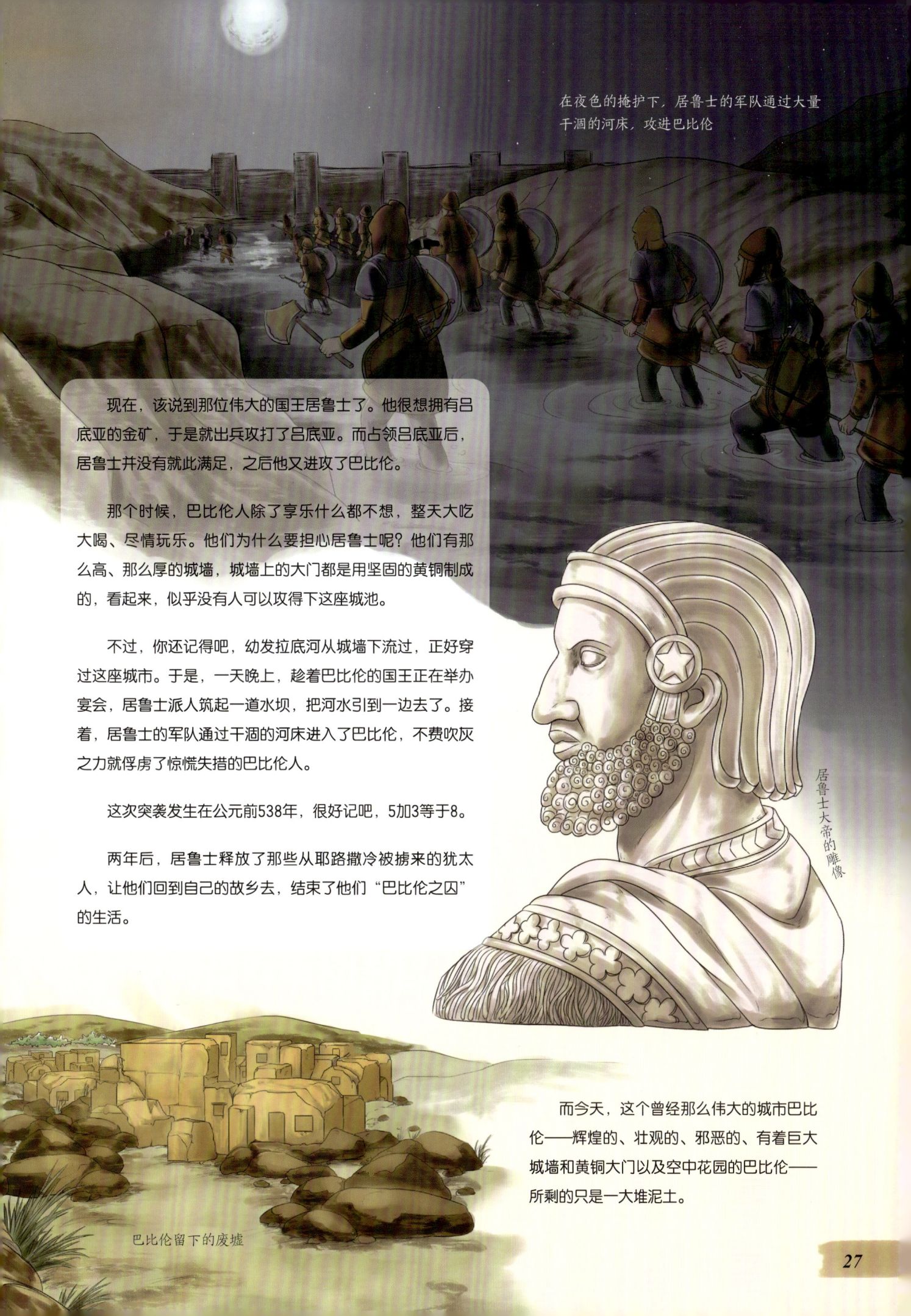

在夜色的掩护下，居鲁士的军队通过大量干涸的河床，攻进巴比伦

现在，该说到那位伟大的国王居鲁士了。他很想拥有吕底亚的金矿，于是就出兵攻打了吕底亚。而占领吕底亚后，居鲁士并没有就此满足，之后他又进攻了巴比伦。

那个时候，巴比伦人除了享乐什么都不想，整天大吃大喝、尽情玩乐。他们为什么要担心居鲁士呢？他们有那么高、那么厚的城墙，城墙上的大门都是用坚固的黄铜制成的，看起来，似乎没有人可以攻得下这座城池。

不过，你还记得吧，幼发拉底河从城墙下流过，正好穿过这座城市。于是，一天晚上，趁着巴比伦的国王正在举办宴会，居鲁士派人筑起一道水坝，把河水引到一边去了。接着，居鲁士的军队通过干涸的河床进入了巴比伦，不费吹灰之力就俘虏了惊慌失措的巴比伦人。

这次突袭发生在公元前538年，很好记吧，5加3等于8。

两年后，居鲁士释放了那些从耶路撒冷被掳来的犹太人，让他们回到自己的故乡去，结束了他们"巴比伦之囚"的生活。

居鲁士大帝的雕像

巴比伦留下的废墟

而今天，这个曾经那么伟大的城市巴比伦——辉煌的、壮观的、邪恶的、有着巨大城墙和黄铜大门以及空中花园的巴比伦——所剩的只是一大堆泥土。

第 14 章 世界的另一边：古代印度

沿着印度河河谷发源的古印度文明

古印度是波斯东边的一个国家，居住在那里的人被称为印度人。你还记得吧，古印度是早期文明的发源地之一，它也是沿着河谷发展起来的，那条河就是印度河。

古印度是一个非常古老的国家。大约在公元前2500年，人们就在印度河沿岸居住了。他们会驾着船只沿河做买卖，还发明了一套文字来记录他们的生活。过了1000多年后，有一群人从西方侵入印度人的土地，这些人就是印欧人。渐渐地，原来的印度人和新来的入侵者互相学习并适应了对方的一些风俗习惯。

随着时间的推移，印度人逐渐形成了四个主要的等级，也就是四个主要的社会阶层，人们把它叫作"种姓"。不同的种姓之间不能有任何往来，他们不能一起玩，不能一起吃饭，更不能通婚。最高级的种姓由僧侣和学者组成；第二级种姓包括各级官吏和士兵；农民和商人属于第三级种姓；而第四级种姓则是劳工，就是那些砍柴、挖土或担水的人。

但是，劳工还不是最底层的人，还有一些人，他们的地位低下到不属于任何一级种姓，被称为"弃民"或"贱民"。他们做的是打扫街道、清理水沟、捡垃圾等没有人愿意干的脏活。

印度不同种姓之间等级森严，不能有任何往来

28

佛陀为人们化解纷争

王子乔达摩

今天，大多数印度人都信仰印度教，印度教里的神明有些长着好几个头，有些长了很多胳膊或者腿。而在公元前300年到公元700年的时间内，佛教在印度十分盛行。

大约在公元前6世纪，印度有位王子出生了，他叫**乔达摩**（也就是**释迦牟尼**）。乔达摩看到这世界上有太多的苦难和不幸，他觉得自己只是因为幸运地出生在贵族家庭，就过着幸福的生活，还有那么多人都生活得那么悲惨，这太不公平了。于是，他放弃了自己高贵的出身和安逸的生活，决定用他全部的时间和精力来造福人民，让他们过上更好的生活。

乔达摩教人们向善、劝人们诚实，还帮助穷人和不幸的人们。过了一段时间后，人们开始叫他"佛陀"。人们觉得他是那样神圣纯洁，他一定就是神的化身，于是就把他当作神来敬拜。这些人被称为佛教徒，这个新宗教也就广泛地传播开来。

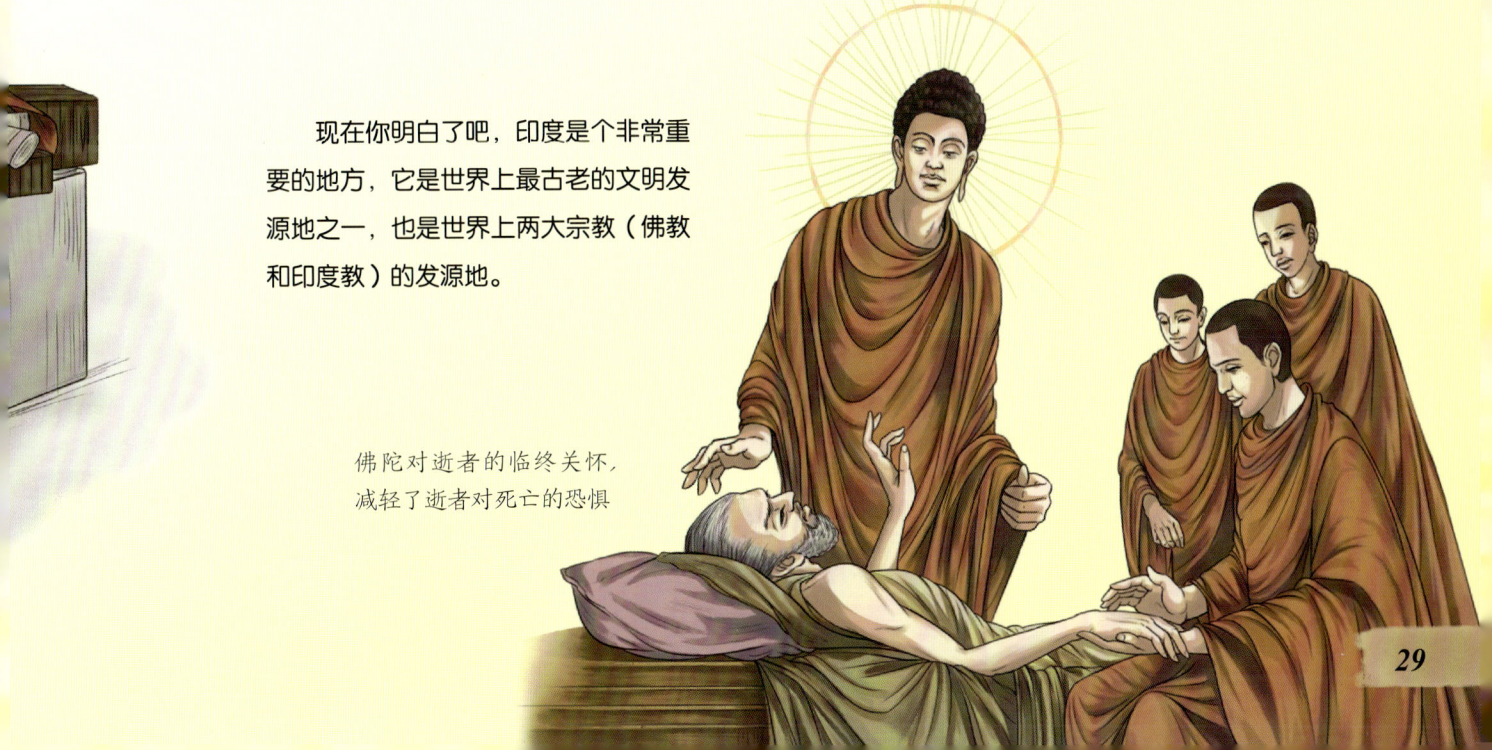

现在你明白了吧，印度是个非常重要的地方，它是世界上最古老的文明发源地之一，也是世界上两大宗教（佛教和印度教）的发源地。

佛陀对逝者的临终关怀，减轻了逝者对死亡的恐惧

29

第 15 章 中国人的世界

大约在佛教于印度流传开来的同时，中国出了一位名叫**孔子**的伟大智者，他教导中国人应该做什么和不该做什么。他的言行语录后来被整理编成书，逐渐成为中国人乃至许多亚洲人的一种行为准则。

孔子教导人们要忠诚，要服从他们的君王，同时也认为统治者有责任照顾好自己的人民。他还教导人们要孝顺父母，听从老师的话，敬奉自己的祖先。他还有一句名言："己所不欲，勿施于人。"

孔子是一位伟大的智者，同时也是著名的教育家

孔子

中国也是世界上最古老的文明发源地之一。你还记得那条孕育了中华文明的河流叫什么吗？它叫**黄河**。最开始，人们在黄河沿岸定居，渐渐地，也有些人开始在**长江**沿岸定居。

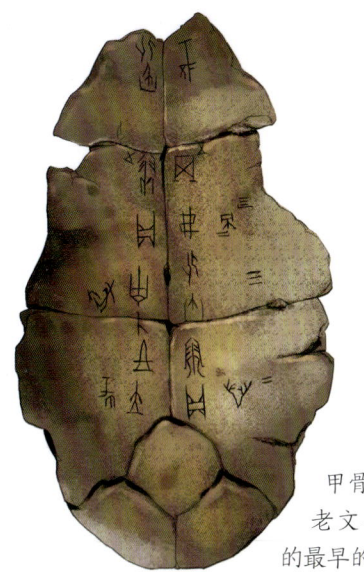

中国离我们前面讲的那些国家都非常非常远，它在古代世界中是孤立存在的，那时候既没有大的舰船，也没有飞机，中国人和世界上其他民族几乎没有什么接触。因此，中国的文明完全是独立发展起来的。

我们知道，早在**公元前1500年**前后，中国人就已经有了文字。直到今天，中国人依然在使用这种字符文字。

甲骨文是中国的一种古老文字，是我们能见到的最早的成熟汉字

很多发明，世界上其他地方的人听都没听过，就已经在中国出现并开始使用了。大约在公元元年前后，中国人就已经会制造丝绸、瓷器和纸张了。那个时候，中国和我们之前讲过的一些国家开始有了贸易往来。中国丝绸远销罗马和地中海沿岸，大受欢迎。

中国与一些国家的贸易往来

在公元600年前后，中国人已经发明了**印刷术**并开始使用。几百年后，中国人发明了磁针罗盘，这对航海的水手们帮助非常大。罗盘也叫**指南针**，你知道指南针是什么吗？它是一种小巧的装置，里面有一根指针总是指向北方。只要知道哪个方向是北方，水手们就能够知道他们正在向哪个方向航行了。

中国人还发明了预防天花的接种术。天花是一种非常可怕的传染病，会导致大批的人死亡。中国人最先发现了怎样制造火药，火药就是我们用来做弹药和烟花的材料。

通过上述内容你可以知道，中国人也许与外界相对隔绝，但是他们却一直忙于发明制作各种各样的东西，这些东西逐渐传播到世界各地，让其他国家的人们都睁大了眼睛，兴奋不已。

指南针对航海的水手们帮助非常大

第16章 富人和穷人

当雅典还是个新兴城邦的时候，城里有两派人——富人和穷人，也就是贵族和平民，他们经常发生矛盾。大约在公元前600年的时候，雅典的社会状况变得非常糟糕，于是大家选出一个名叫德拉古的人来稳定秩序，他制定了一部让雅典人遵守的法典，这部法典叫作《德拉古法典》。

《德拉古法典》里规定了对触犯法律的人的惩罚，这些惩罚非常严酷：如果有一个人偷东西，哪怕只是偷了一小块面包，他都要被处死！你可以想象得出，这部法律会引起多少纷争了吧。因为这部法典太过严酷，所以后来人们就选出另一个人来重新制定了一部法典，这个人名叫梭伦，他制定的法典非常公正合理。人们在一段时间内一直遵从这部法典。

制定了《德拉古法典》的德拉古

梭伦为雅典人制定的法典非常公正合理

但是，在公元前560年前后，有个名叫庇西特拉图的人出现在雅典的政治舞台上，并掌管了国家。他并没有经过人民的推选，而是自立为王的，因为他的势力非常大，所以没有人能够阻止他。他解决了雅典贵族和平民之间的矛盾。事实上，他就是遵照梭伦的法典来治理雅典的。他还采取了很多措施来建设雅典，改善雅典人的生活。

庇西特拉图带着雅典娜装扮的少女巡视雅典城

在庇西特拉图和他儿子执政的一段时间内，雅典人还算配合他们，但是后来，他们厌倦了这样的统治。于是，在公元前510年，雅典人把所有庇西特拉图家族的人都赶出了雅典。

下一个试图解决贫、富两派冲突的人叫克利斯提尼。他把选举权给了每个男人——富人和穷人都一样，每个人都有一张选票，但是他没有给女人选举权。虽然这样，雅典的人们仍然认为克利斯提尼的统治是公正贤明的。

克利斯提尼发明了一种"陶片流放制"。如果出于某些原因，人们想要摆脱某个人，他们所要做的就是把他的名字刻在破陶罐的碎片上，然后在一个规定的日子里，把碎片扔到"投票箱"里就行了。如果这个人的票数达到了一定数量，这个人就必须离开雅典，在外面待上十年。

你曾经因为调皮捣蛋而被家人赶回过自己的房间吗？如果有的话，你也被"放逐"过。

人们根据"陶片流放制"投票，陶片上刻着被提名的放逐者的名字

第 17 章 罗马人赶走了国王

在地中海上，有一只巨大的"靴子"，它有805公里那么长。当然，它并不是真正的靴子，只不过，如果你坐在飞机上从高空中向下看，它就像只靴子似的，这个地方叫作意大利。而意大利有一座著名的城市，叫作罗马。

罗马

塔克文国王

和雅典一样，古罗马社会也分为两大阶级，富人被称为贵族，穷人被叫作平民。有一段时间，贵族和平民都享有选举权。可是，到塔克文执政时，他下令剥夺了平民的选举权。平民们无法忍受这一点，因此他们联合起来将塔克文赶出了罗马城。这件事发生在公元前509年，塔克文也是罗马王政时代最后一个国王。

赶走国王之后，罗马人不想再要国王了，于是他们每年选举两个人来管理国家，这两个人被称作执政官。第一任的两个执政官中，年长一些的名叫布鲁特斯，他有两个儿子。后来，那个被赶走的国王塔克文密谋回到罗马，想要再度登上王位。塔克文成功地说服了一些罗马人帮他，说来也怪，这些人中就有布鲁特斯的两个儿子。

布鲁特斯发现了这个阴谋，也知道他的两个儿子帮助了塔克文。于是，他把两个儿子送上了法庭，他们被判有罪。尽管他们是他的亲生儿子，布鲁特斯还是下令把他们处死了。

因此，塔克文想要夺回王位的计划没有成功。第二年，他卷土重来。这次，他从邻国伊特鲁里亚那里召集了军队，一起来攻打罗马。

布鲁特斯发表演讲，宣布处死自己的两个儿子

34

当时，台伯河把伊特鲁里亚人阻隔在罗马城外。为了阻止伊特鲁里亚人过桥入侵罗马，古罗马英雄**贺雷修斯**下令把河上的桥拆毁，他一个人在桥的另一边对抗敌人，直到这座桥最终倒塌在河里。桥塌后，贺雷修斯穿着沉重的盔甲跳入河中，奋力向对岸游去。尽管伊特鲁里亚人的乱箭密密麻麻地射向他，他还是安全到达了对岸。连作为敌人的伊特鲁里亚人也被他的勇敢震撼了，情不自禁地为他欢呼。

英勇奋战的贺雷修斯

贺雷修斯的英雄事迹发生之后没几年，古罗马又出现了一位出色的人物，他叫**辛辛纳图斯**。他是台伯河边一个普通的农夫，但他非常睿智、善良，古罗马人很尊敬和信赖他。

有一次，敌人突然攻打罗马，古罗马人需要一位将军带领他们抵御外敌的入侵，于是他们想到了辛辛纳图斯，就请他出任独裁官。独裁官是古罗马人在危急关头推举出来的人，他可以在危难时期领导全体民众。辛辛纳图斯放下了耕田的犁，跟随众人一起来到罗马城，立即组建了一支军队，出城迎击并打败了敌军，然后又返回罗马城。所有这一切从开始到结束还不到24个小时！

人们为辛辛纳图斯快速、果断地拯救罗马城的事迹而欢呼，并希望他在和平时期也能继续做他们的将军。然而辛辛纳图斯并不想这样，他认为自己已经尽到了责任，只想回到妻子和孩子的身边，做一个普通的农民。

辛辛纳图斯生活在公元前500年左右，他的名字流传千古。

独裁官辛辛纳图斯

35

第 18 章 希腊对波斯

大流士在侍从的陪伴下检阅他的舰队

在前面的故事里讲过一位伟大的波斯国王——居鲁士，他曾征服了巴比伦和其他一些国家。后来，他不断向外征战，直到波斯统治了世界上大部分地区，除了希腊和意大利。

大约在**公元前500年**，一个名叫**大流士**的人成了波斯帝国的国王。有一天，他翻看地图时，发现希腊这样的一个国家竟然不属于他，顿时觉得非常遗憾。他决定征服希腊，把希腊纳入波斯帝国的版图。于是，他派了信使去通知希腊人，表达自己想要他们臣服的主张。

在希腊的众多城邦中，雅典和斯巴达是坚决抵抗波斯帝国的。于是，大流士准备先征服雅典，再进攻斯巴达。他派出了12万名士兵，士兵们乘船穿过大海，抵达希腊海岸。他们登陆的地方叫作**马拉松平原**，距离雅典大约有**42千米**。你很快就会知道为什么我要强调这个数——42。

雅典人得知这件事后，马上找了一位有名的长跑运动员去斯巴达送信，因为斯巴达曾承诺过会出兵支援雅典。这位运动员名叫**费迪皮迪兹**，从雅典到斯巴达的路程大约有241千米，他不分昼夜地奔跑，几乎没有停下来休息或吃东西，第二天就到了斯巴达。但是，斯巴达人却回复说他们现在还不能出发，因为月亮还不够圆，在不是满月的时候出发不吉利，他们会等到月圆时再出发。

费迪皮迪兹

斯巴达人表示暂时不能出兵援助

36

雅典人可等不到月圆，他们知道波斯人在那之前就会到达雅典，而他们绝不能让波斯军队兵临城下。因此，所有的雅典士兵都离开了雅典城，前往42千米以外的马拉松平原去迎战波斯的军队。雅典当时共有1.1万名士兵，如果你算一算，就会知道波斯士兵是雅典士兵的10倍还多，也就是说1个雅典士兵最少要对付10个波斯士兵。

在马拉松平原的激战

我们知道，希腊人都是训练有素的运动员，他们的生活方式使得他们身强体壮，这一点波斯人可比不上他们。最重要的是，希腊人是为保卫自己的家园和家人而战，而波斯人多数是雇佣兵和奴隶，只是听从国王的命令罢了。所以，尽管雅典士兵很少，但人数众多的波斯士兵却被他们打败了，而且是一败涂地。

仗打赢了，希腊人欣喜若狂。那位著名的长跑运动员费迪皮迪兹，立刻又从马拉松平原出发，把这个喜讯带回雅典去。可是，几天前，他刚刚长途奔跑去斯巴达送信，返回后一直没时间好好休息，这次他又一口气跑完了42千米，因此他刚跑到雅典，气喘吁吁地把胜利的消息告诉人们后，就倒地身亡了。

为了纪念这次著名的长跑，现代奥林匹克运动会增加了一个项目就叫作**马拉松比赛**，在这项比赛中，运动员们也要跑同样的距离——42千米。马拉松战役发生在**公元前490年**，是历史上非常著名的战役之一，强大的波斯军队被希腊的一个城邦击败了，波斯人只好灰头土脸地回到自己的国家。

但是，这并不是希腊人最后一次迎战波斯人。

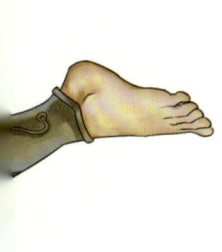

费迪皮迪兹宣布胜利的喜讯后，马上就倒地身亡了

37

第 19 章 战争狂

波斯人战败后，大流士恼羞成怒，下了更大的决心要彻底征服希腊。因此，他花了好几年时间来组建军队、准备物资。可是，他却没能实现计划，因为他突然死掉了。

大流士有个儿子叫**薛西斯**，他接手了父亲没完成的事业，因为他征服希腊的决心和父亲一样坚定。与此同时，希腊人也下决心一定不能被波斯人打败，他们同样做好了战争的准备。

当时，雅典有两个重要人物，他们都想成为领袖。一个名叫**特米斯托克利**，另一个名叫**阿里斯蒂德斯**。特米斯托克利督促雅典人做好准备，迎接与波斯人的下一场战争。他认为雅典人一定要组建一支舰队，因为他们没有舰船，而波斯人却有很多。

阿里斯蒂德斯则不赞同这个方案，他认为这笔支出非常荒唐，所以坚决反对。

薛西斯

还记得吗，在前面的故事中讲过，大约在公元前500年，一个叫克利斯提尼的人创立了一种"陶片流放制"。于是，在陶片流放投票日，雅典的人们进行了投票，主张流放阿里斯蒂德斯的人很多，于是他就被驱逐出境了。

雅典人很幸运。他们继续按照特米斯托克利的主张为战争做准备，建造了一支由三排桨战船组成的舰队——当时的船都是这个样子，船上装有三排桨。然后，雅典人联合了希腊所有的城邦，约定一旦战争爆发，大家就联合起来。结果证明，这是非常正确的。

雅典人建造的战船，船上有三排桨

薛西斯让士兵们把船拴在一起，当作桥梁，以此来穿越海峡

在马拉松战役之后的第十年，也就是**公元前480年**，强大的波斯帝国准备再次进攻雅典。这一次，波斯军队士兵的数量比上次要多得多，据说有200万人，这是多么庞大的数字啊！由于人数太多，没有那么多战船，于是薛西斯决定全军步行到希腊。

波斯军队在行军路上遇到一条海峡，这条海峡有点儿像宽阔的河流，正好横在波斯军队必经的道路上。那条海峡现在叫作**达达尼尔海峡**，它大约有1600米宽。那个时代还造不出那么长的桥来，薛西斯就让士兵们把船拴在一起，连成一行，一直从海峡的这一边延伸到对岸。然后，他又让人在船上铺木板，这样就形成了一座桥，军队就能从上面穿过海峡了。

只是，波斯的军队实在是太庞大了，据说这些人分成两支队伍，连续走了七天七夜，才全部到达了对岸。最后，波斯人终于到达了希腊的北部高原。他们从希腊北部向下俯冲，横扫一切，势如破竹，似乎世界上已经没有任何东西能阻止他们了。

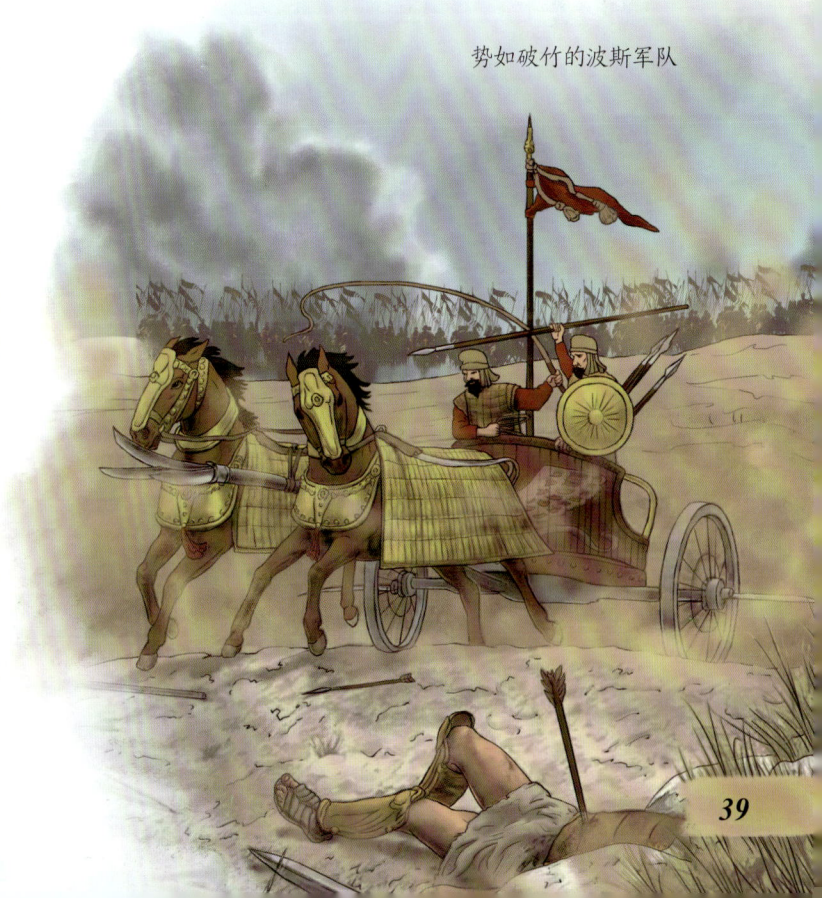

势如破竹的波斯军队

39

第20章 以一当千

波斯人想要到达雅典必须经过一条叫作"温泉关"的狭窄通道，通道的一边是群山峭壁，另一边是大海。希腊人决定，在波斯军队到达雅典之前，先到温泉关迎战波斯大军。在这样的一个关口，少数希腊战士就能对付众多波斯人。

希腊人派去了全希腊最优秀的战士组成的队伍，斯巴达当时的国王**列奥尼达**被推选为这支队伍的领袖，随他同去的有7000名士兵——7000人要抵挡200万人的进攻！当薛西斯看到自己的道路被这群少得不可思议的士兵挡住时，感到非常可笑，就派去使者，叫他们投降。

列奥尼达却简单地说了一句："来抓我们吧！"

薛西斯只得下令进攻。激烈的战斗持续了两天两夜，波斯人损失惨重却未能前进一步，他们无计可施。

温泉关战役的领袖是斯巴达国王列奥尼达

但在这时，希腊有一个可耻的懦夫做了叛徒。为了保住自己的性命，也为了拿到丰厚的赏金，他向波斯人泄露了山上的一条秘密小路。这样，波斯军队就可以绕过关口的希腊军队，从山上向下俯冲，包围守关的列奥尼达和他的战士们。

第二天早上，列奥尼达得知了这个消息。他让所有想要逃走的人马上离开，当时他们要逃走还来得及，而不逃走的话必死无疑。尽管如此，还是有大概1000人愿意留下来，陪列奥尼达浴血奋战。他们坚持到了最后一刻，直到全军覆没，只剩下一个人活着回到了希腊。

特米斯托克利假装投靠薛西斯，并献出计策

这样，通往雅典的大门就被打开了。希腊人的处境看上去糟糕透了。现在该怎么办呢？

你还记得吧，前面讲过，特米斯托克利曾经极力主张要组建舰队。他认为是时候用上这支舰队了，于是他让雅典人都离开雅典城，逃到离城不远的萨拉米斯海湾的战船上。

波斯大军到了雅典，发现那里竟然是一座空城，他们愤怒地烧毁了雅典城。接着，他们到了萨拉米斯海湾，看到了满载着雅典人的小小的希腊舰队。

特米斯托克利看到这个狭窄的海湾和温泉关通道有几分相似，就想出了一个主意。他假扮成一个叛徒去投靠薛西斯，并向他献计，如果将波斯舰队一分为二，一半待在海湾的一头，另一半守住海湾的另一头，希腊人就会被夹在中间，成为网中之鱼。

薛西斯觉得这是个好主意，就下令让他的舰队按照特米斯托克利说的那样去做。然而，结果与他的预期正好相反。波斯舰队一分为二后，中间的希腊舰队恰好可以分别对付两头的波斯舰队，由于海湾非常狭窄，波斯人的舰船互相撞在一起，很多都被自己的船撞沉了。

波斯人被彻底打败了，薛西斯只能带着剩下的军队狼狈地逃回波斯。这是波斯人最后一次试图占领希腊。

如果当初特米斯托克利没有坚持自己的主张，没有组建这支舰队，那你想想雅典和希腊将会有怎样的命运啊！

第 21 章 黄金时代

在前文曾经讲过"石器时代""青铜时代""铁器时代",那你知道"黄金时代"吗?其实,"黄金时代"的含义和前面几个可大不相同,它指的是一个什么样的时代呢?我们来看看吧。

伯里克利鼓励人们重建雅典城

与波斯的战争结束后,雅典人受到了胜利的激励和鼓舞,他们积极地去创造各种美妙的事物。在波斯人被赶出希腊后的50年间,也就是从**公元前480年到公元前430年**,是希腊历史上最兴盛的时期,可能也是欧洲历史上最辉煌的时代。

雅典城已经被薛西斯的军队烧毁了,这在当时似乎是一场可怕的灾难,但事实并非如此。人们马上开始动手重建家园,把雅典建成了一座比原来更美丽、更精致的新城。

这个时候,雅典的领袖人物是**伯里克利**,他既不是国王也不是统治者,但是他非常受群众欢迎,是一位优秀的演说家。在他的领导下,每个人都能在自己的位置上发挥最大的能力。有些人成了伟大的艺术家,有些人成了伟大的作家,还有一些人成了伟大的哲学家。你知道什么是哲学家吗?他们是一些聪明的男人或女人,学问渊博,热爱知识。

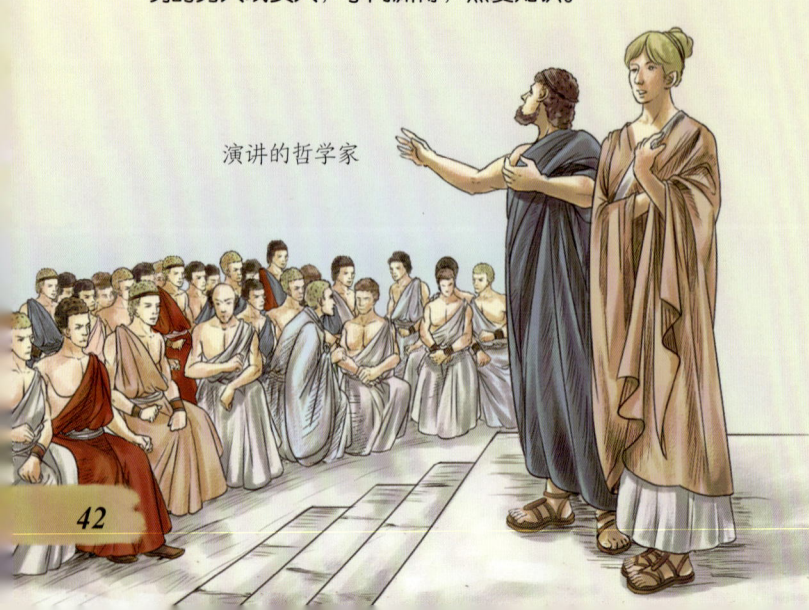

演讲的哲学家

艺术家们建造了美丽的房屋、剧院和神庙。他们为希腊的众神塑造了精美的雕像,并把这些雕像放在建筑物上和城市的四周。

作家们创作了许多优美的诗歌和戏剧。当然,那时的戏剧讲述的都是神灵的故事。

哲学家们告诉人们怎样才能变得智慧和善良。

42

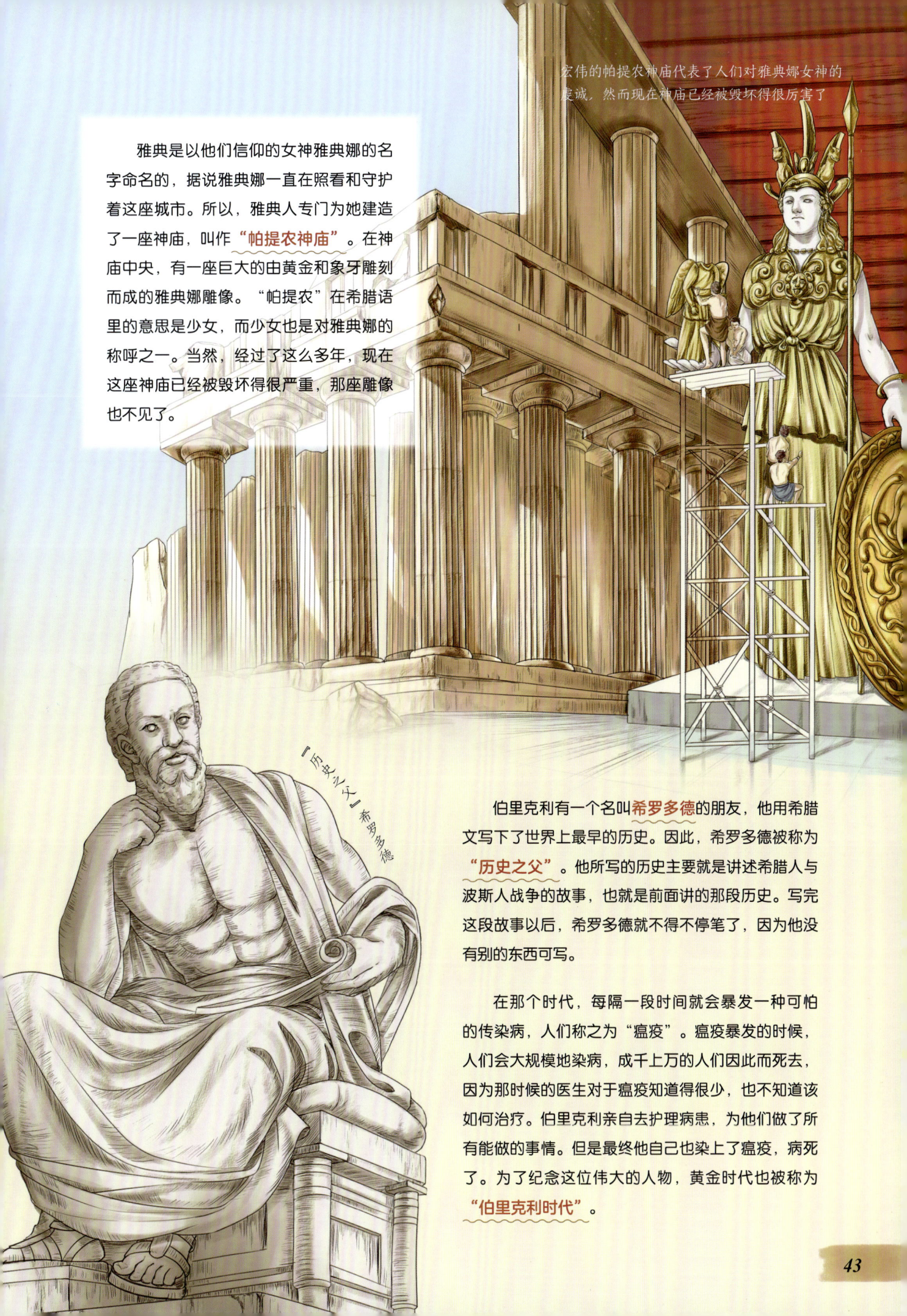

雅典是以他们信仰的女神雅典娜的名字命名的，据说雅典娜一直在照看和守护着这座城市。所以，雅典人专门为她建造了一座神庙，叫作**"帕提农神庙"**。在神庙中央，有一座巨大的由黄金和象牙雕刻而成的雅典娜雕像。"帕提农"在希腊语里的意思是少女，而少女也是对雅典娜的称呼之一。当然，经过了这么多年，现在这座神庙已经被毁坏得很严重，那座雕像也不见了。

宏伟的帕提农神庙代表了人们对雅典娜女神的虔诚，然而现在神庙已经被毁坏得很厉害了

「历史之父」希罗多德

伯里克利有一个名叫**希罗多德**的朋友，他用希腊文写下了世界上最早的历史。因此，希罗多德被称为**"历史之父"**。他所写的历史主要就是讲述希腊人与波斯人战争的故事，也就是前面讲的那段历史。写完这段故事以后，希罗多德就不得不停笔了，因为他没有别的东西可写。

在那个时代，每隔一段时间就会暴发一种可怕的传染病，人们称之为"瘟疫"。瘟疫暴发的时候，人们会大规模地染病，成千上万的人们因此而死去，因为那时候的医生对于瘟疫知道得很少，也不知道该如何治疗。伯里克利亲自去护理病患，为他们做了所有能做的事情。但是最终他自己也染上了瘟疫，病死了。为了纪念这位伟大的人物，黄金时代也被称为**"伯里克利时代"**。

第 22 章 当希腊人遇上希腊人

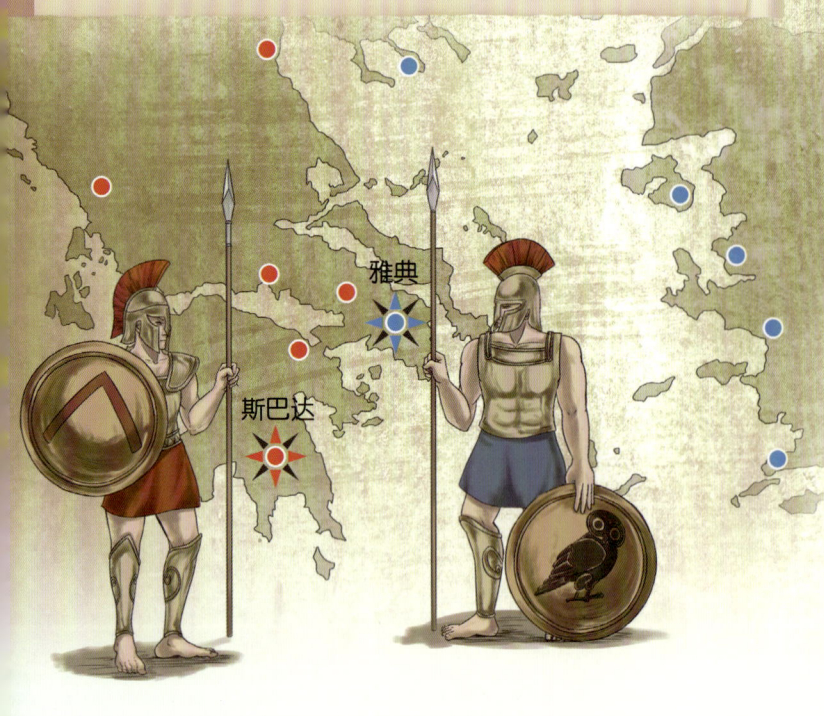

雅典空前辉煌的黄金时代仅仅持续了50年。

你猜猜为什么黄金时代会结束呢？

事实上，它的终结主要因为一场战争。

不过，这一次并不是希腊和其他国家的战争，而是希腊内部的纷争。战争的起源是对雅典的嫉妒。

你知道的，自从雅典人在萨拉米斯海湾击败了波斯人后，斯巴达就非常嫉妒雅典有如此一支优秀的舰队，而斯巴达却没有。斯巴达见不得雅典在这方面胜过它，因此联合了邻近的城邦，找了种种借口，一起对雅典开战。

斯巴达位于希腊的一个半岛上，这个半岛的名字很复杂，叫<u>伯罗奔尼撒半岛</u>。雅典和斯巴达的这场战争就叫<u>伯罗奔尼撒战争</u>，因为和雅典对战的不仅仅是斯巴达，还有整个伯罗奔尼撒半岛上的城邦。

一场战争如果持续四五年就算是相当长的了，但是伯罗奔尼撒战争却打了整整27年！俗话说："当希腊人遇上希腊人，定有一场苦战。"这场漫长的、血流成河的战争的结果，就是两个城邦都元气大伤并走向了衰落。雅典的辉煌成为历史，尽管斯巴达占了上风，但此后这两个城邦也都衰败下来。战争把它们都毁了！

44

在伯罗奔尼撒战争期间，雅典有个名叫**苏格拉底**的人。很多人都认为，他是古往今来世界上最睿智、道德最高尚的人之一。人们称他为哲学家，他用提问的方式，让人们明白什么是对的，什么是应该做的事情。这种通过提问来进行教学的方法，就被称为"**苏格拉底问答法**"。

苏格拉底不信仰希腊的众多神灵，但是他很小心，没有把这个想法说出来，因为希腊人在这方面非常较真，不允许任何人反对他们的神灵。然而，他最后还是受到指控，说他不信仰希腊的众神，同时还教唆其他人不信仰众神。为此，他被判处死刑。他要奉命喝下一杯毒堇汁，那是一种致命的毒药。

苏格拉底的学生们劝他逃走，劝他拒绝喝下那杯毒药，但他不愿意违抗命令。于是，在苏格拉底近70岁的时候，他喝下了那杯毒堇汁，然后，在学生们的环绕中，死去了。

虽然苏格拉底生活在2000年前，但他所坚信和倡导的事至今仍被人们坚信。他的信念之一是：我们每个人的内心都有一种"良知"，良知会告诉我们什么是对的、什么是错的，我们不必从书本或他人那里得知对错的标准。在欧洲文化史上，他一直被看作是为追求真理而死的圣人。

苏格拉底被认为是世界上最睿智的人之一

在学生们的环绕中，苏格拉底坦然喝下了毒堇汁

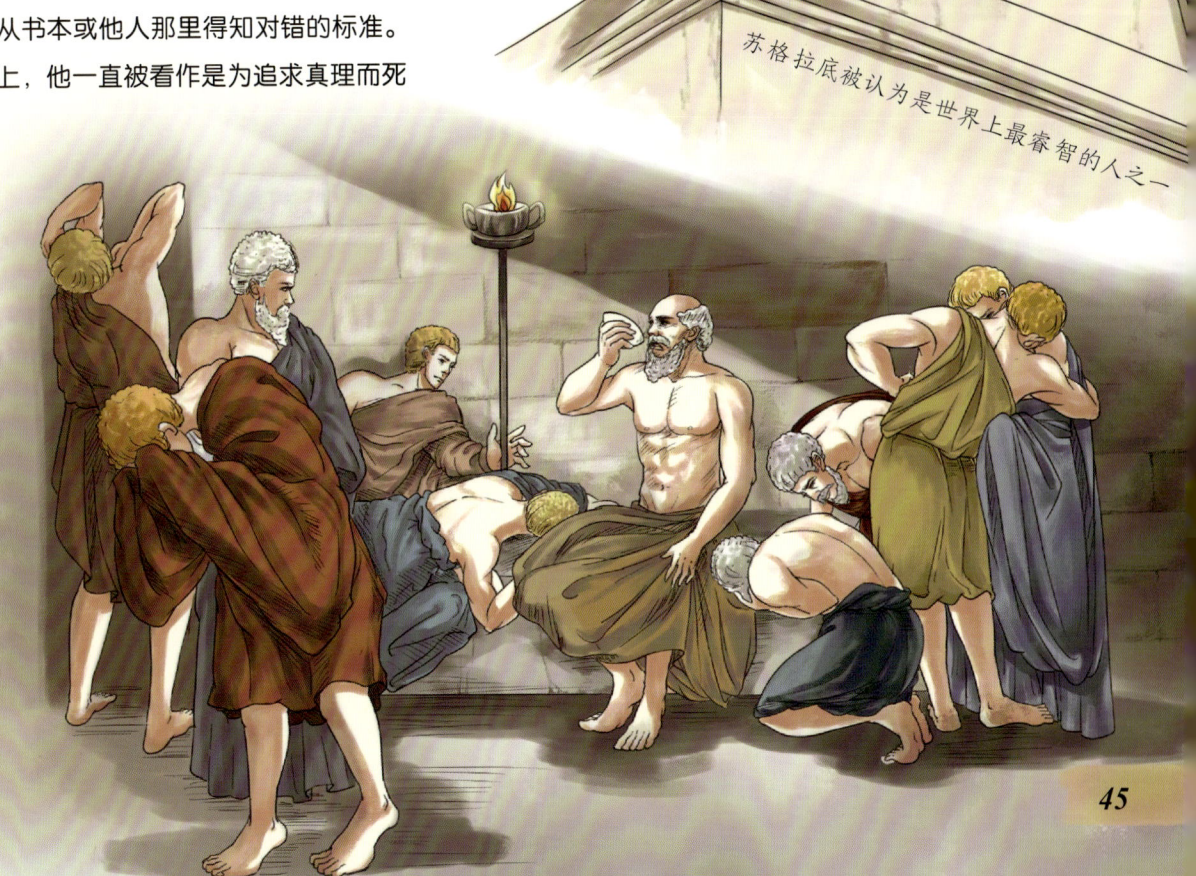

45

第 23 章 智者和愚人

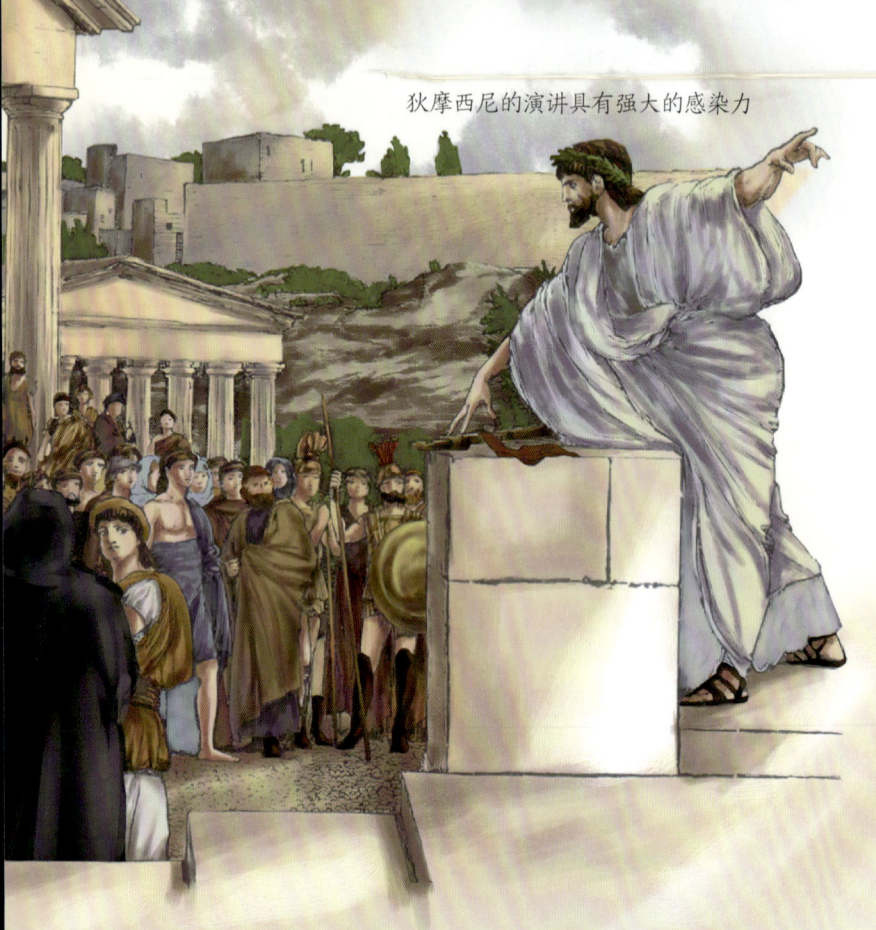

狄摩西尼的演讲具有强大的感染力

在希腊的北部，有一个名叫马其顿的小国，它的国王叫菲利普。前面讲了雅典和斯巴达之间那场伯罗奔尼撒战争，你还记得吗？在这期间，菲利普一直在旁边观望着这场战争，因为他想找机会加入进来。战争结束后，斯巴达和雅典开始萧条、衰落，这对菲利普来讲正是个好机会，他想通过和平的方式当上希腊的国王，也希望希腊人能够拥戴他。于是，他想出了一个计谋。

你从前面的故事中知道希腊人有多么痛恨波斯人了吧，菲利普就利用了这一点。他对希腊人说："你们为什么不去报复波斯人呢？现在应该到波斯去征服他们，让波斯人为他们过去的所作所为付出代价啊！"

接着，他又狡猾地补充说："让我来帮助你们吧，我会率领你们对付他们的。"

没有人看穿菲利普的计谋——除了一个名叫狄摩西尼的雅典人。狄摩西尼是一位伟大的演说家，他的演说非常精彩，有强大的感染力。他看透了菲利普的用心，知道菲利普真正的目的是想做希腊的国王。于是，他发表了12篇演说来反对菲利普。人们在听他演讲的时候，群情激昂，都把愤怒投向菲利普；可是演讲一结束，人们就会变得毫无斗志，不会做任何阻止菲利普的事情。

成为希腊的国王后不久，菲利普就被杀死了

因此，虽然狄摩西尼尽力阻止菲利普，但菲利普最终还是成了希腊的国王。

不过，菲利普还没来得及带领希腊人出征波斯，他就被杀死了。他的儿子**亚历山大**继承了王位，成了希腊和马其顿的国王。当时，他只有20岁。

亚历山大的老师是亚里士多德，他是一位伟大的老师

亚历山大是个非常优秀的人，有人说他的优秀与他的老师有关，他的老师就是著名的**亚里士多德**。

亚里士多德大概是从古至今最伟大的老师之一了。他写了很多书，涉及不同的学科领域：有天文学著作，有动物学著作，还有心理学、政治学等方面的著作。

千百年来，亚里士多德写的这些书都是男孩、女孩们学习用的教科书。而且在很长一段时间里，这些书也是唯一的教科书。他写的书被使用了那么长时间，这是多么了不起啊！

亚里士多德的老师叫**柏拉图**，他既是一位伟大的老师，也是一位著名的哲学家。而柏拉图曾经是苏格拉底的学生。现在你知道了，希腊的这三位智者：**苏格拉底**、**柏拉图**、**亚里士多德**。

也许将来有一天，你会读到他们在2000多年前写的书和说过的话。

柏拉图

亚里士多德

第24章 一位少年国王

年轻的国王亚历山大

想想当你到了20岁的时候，你会做什么呢？

是在上大学吗？还是已经工作了？或是在做别的什么事情呢？

当**亚历山大**20岁的时候，他已经成为马其顿和希腊的国王了。但是他并不满足，他还想拥有更大的国家，统治更多的土地。于是，他决定着手进行他父亲征服波斯的计划。

亚历山大组建了一支军队，进攻了波斯。这天，他到达了一个小镇，那里有一座神庙，庙里有一根远近闻名的绳子，绳子上打了一个奇怪的结。这个绳结叫"**戈尔迪之结**"，传说能解开它的人就能征服波斯。可是，一直没有人解得开它。

亚历山大看到了这个绳结之后，一眼就看出它不可能解得开。于是，他试都不试，直接拔出剑来，一剑把绳结砍成了两段。后来，人们就把这种快刀斩乱麻的行事方式称作"砍断了戈尔迪之结"。

从那以后，亚历山大攻下了一座又一座城市，就如戈尔迪之结的传说那样，他真的征服了整个波斯。接着，他的大军开进了埃及，那时埃及是属于波斯的，他把埃及也征服了。为了庆祝这次胜利，他在尼罗河河口建立了一座新城，并以自己的名字命名。在后来的很长一段时间里，亚历山大城都是世界上最大、最重要的海港。

砍断了"戈尔迪之结"的亚历山大，日后真的征服了波斯

亚历山大港

征服波斯后亚历山大并没有就此停留下来，他闲不下来，继续四处征战，征服了一个又一个地方，直到当时人们所知道的地方几乎都被他征服了为止。他在30岁时，就已经被称作亚历山大大帝了。当亚历山大发现没有更多的国家可以让他征服的时候，他非常失落，竟忍不住痛哭起来！

最终，亚历山大决定回希腊。他路过巴比伦，在那里举行了盛大的庆祝宴会。就在纵酒狂欢的时候，他突然暴毙而亡，最终没能返回希腊。那是公元前323年，他只有33岁。这些数字基本都是"3"，除了年份中间的那个"2"。

亚历山大大帝是一位伟大的统治者和将领，同时他还是一位伟大的老师。他把希腊语教给他所征服之地的人们，还教他们希腊的雕塑和绘画知识，并把希腊哲学家们所说过的至理名言也传授给他们。他还对他们进行体育训练，就像希腊人为参加奥林匹克运动会所做的训练一样。

亚历山大唯一的孩子在他死后才出生，因此，这位伟大的国王去世后，没有人能继承他的大业。他手下的将领们通过比武的办法确定了四个统治者，他们把帝国分为四份，每人一份。

其中一位将领叫托勒密一世，他得到的领土是埃及，他把埃及治理得很好。但其他三个人就没什么成就了。过了一段时间，他们的领土都逐渐衰落下去，并且四分五裂了。这就像吹气球一样，亚历山大的帝国越来越大，越来越大，突然"啪"的一声，什么都没了，只剩下了一地碎片。

亚历山大去世的时候，只有33岁

第 25 章 找碴儿打仗

迦太基版图
罗马版图

有句俗话讲："皇帝轮流做，明年到我家。"

你可能会好奇：在亚历山大的帝国四分五裂之后，谁会是下一任霸主呢？

还记得地中海上的"靴子"——意大利吗？意大利有座著名的城市叫罗马，就是赶走了国王的那个**罗马**。在亚历山大征服世界的时候，罗马还是个小城镇，亚历山大对它根本没什么兴趣。后来，罗马渐渐发展起来，并成为整个"靴子"的霸主。接着，罗马人开始想要征服意大利之外的世界。

可能你在地图上看到了，意大利这只"靴子"前尖正对着它前面的一个小岛，就好像要把它当足球踢一样。这个小岛是**西西里岛**，它和北非那边一个叫**迦太基**的城市正好隔海相望。

迦太基是一座富有、强大的城市，有发达的海上贸易

迦太基城是一座非常富有、强大的城市。人们在农场里种植了大片的果树和橄榄树，还饲养了成群的牛、羊和马。由于迦太基人临海而居，他们建造了很多船只，和地中海沿岸的其他海港进行贸易往来。在那个时候，迦太基已经控制了地中海西端的全部地区。

迦太基不想看到罗马变得这么强大，因为对它来说，那会是一个潜在的威胁。而罗马也嫉妒迦太基的富有和发达的海上贸易。于是这两个国家就像小孩子一样，找了个小小的借口就打起来了。罗马人把这次战争叫作**布匿战争**。

因为迦太基在海的那边，罗马人要过去只能乘船。但是，罗马没有船。罗马不在海边，罗马人对船的了解也很少，而迦太基人在海战方面却十分擅长，于是罗马人想了个办法：他们发明了一种巨大的铁钩子，把它叫作"乌鸦"。当罗马人的船只靠近迦太基战船的一侧时，他们就扔出"乌鸦"，钩住迦太基的船，然后把两条船拉到一起。这样，罗马人就可以冲到迦太基人的船上，像在陆地上一样和对方搏斗。

罗马人的战船

这种新式的作战方式让迦太基人猝不及防，所以罗马人取得了胜利，迦太基人被打败了。第一次布匿战争就这样结束了。

第一次布匿战争，罗马人取得了胜利

51

第 26 章 "靴子"踢人又踩人

迦太基人并没有一蹶不振，他们决定绕一个大圈子，从背后进攻罗马。为了实现这个计划，他们要先征服西班牙，这样才能经过西班牙攻击罗马。迦太基人轻而易举地夺取了西班牙，因为他们有一位伟大的将军，名叫 汉尼拔。

在意大利的北部，有一座宏伟的 阿尔卑斯山脉，它有几千米高，即使是在夏天，山上也覆盖着厚厚的冰雪，到处都是悬崖峭壁，十分凶险。对罗马人来说，这简直就是一座天然的屏障，他们认为，绝对没人能翻越这座无比高大而又危险的"城墙"。

迦太基将军汉尼拔

汉尼拔的军队翻越险峻的阿尔卑斯山

可汉尼拔做到了。他率领着他的军队，带着他的象群，翻过了阿尔卑斯山脉，打到了意大利的后方！你能想象他们是怎样做到的吗？

汉尼拔的军队在意大利势不可当，赢了一场又一场的战役，征服了众多城镇。照这样下去，罗马就要被打败了。这时候，罗马人认为，他们应该试一试以攻为守的办法。于是，他们派出了一个名叫 西庇阿 的将领，让他率领军队去攻打迦太基，因为这时汉尼拔不在，迦太基已经没有杰出的将领来保卫国家了。

在扎马的决战

这个办法奏效了。突然遭到袭击，迦太基人惊慌失措，因为他们的将领和大部队都在意大利呢。他们迅速派人通知汉尼拔回来救援，然而当汉尼拔到达的时候，已经太迟了。在迦太基附近的扎马，西庇阿和汉尼拔的军队进行了决战，这次战役非常有名。迦太基人在这里又一次被击败了，这是他们第二次被罗马人击败。就这样，在公元前202年，第二次布匿战争结束了。

西庇阿和他的儿子
小西庇阿凯旋

罗马人两次对战迦太基人都获胜了，你可能认为他们满意了吧？但他们没有，他们担心如果不把火星完全踩灭，迦太基人还有可能死灰复燃、东山再起。所以，在几年之后，罗马人第三次进攻迦太基，这也是最后一次。

那时，迦太基人已经无力保卫自己的家园，罗马人占领并毁灭了这座城市。后来，罗马的将领尤利乌斯·恺撒重建了这座城市。现在，这个地方被叫作突尼斯。

53

第27章 新的世界霸主

毁灭了迦太基之后，罗马又不断向外扩张，到了**公元前100年**，它成为新的世界霸主。罗马人做事非常实际，也非常有条理，这种风格从很多事情中都能看出来。

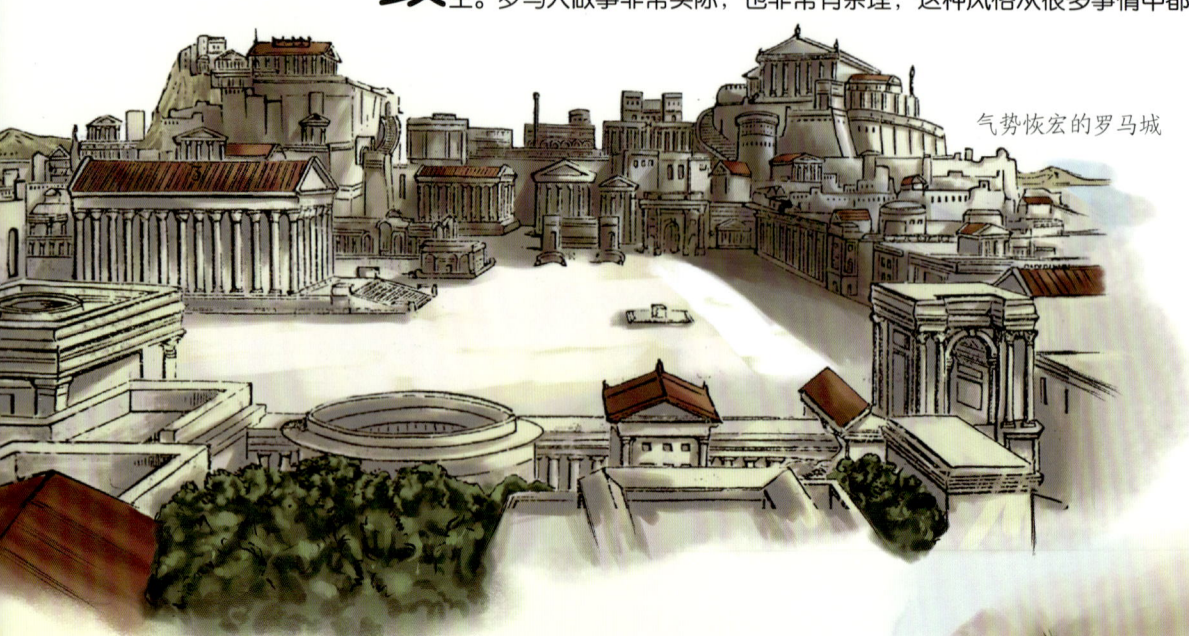

气势恢宏的罗马城

比如，为了能方便、快捷地向帝国的任何地方派遣使者和军队，罗马人修了很多路，这可不是那种普通的、泥泞的道路，那些路很像我们现在铺设的马路。罗马人把大石头铺在最下面作为路基，在上面铺上一层较小的石块，最后再铺上大块、平整的石板。他们修建的道路有千万公里长，人们可以从各个不同的地方出发，通过这些道路到达罗马城。**"条条大路通罗马"**这句名言就是因此而来。这些道路修建得非常坚固，其中许多道路一直保留到现在，要知道它们可都是2000多年前修建的啊！

发达的输水系统造就了罗马有名的公共浴场，是罗马帝国城市生活的标志之一

从引水渠取水的罗马妇女

还有两项非常重要的城市设施，也能显示出罗马人注重实际的风格。一项城市设施是罗马人建造的引水渠，他们为了得到干净的水，造了一些巨大的管道把水从远处引到城里来。这些大管道是用石头和混凝土做的，被称为引水渠。罗马的许多引水渠一直保存到现在，有些至今仍在使用。另一项城市设施是罗马人建造的庞大的下水道系统，它可以把脏水引到城外，让城市保持干净整洁。当然现在每个大城市都有输水管和下水道，但在欧洲，最先大规模建造它们的是罗马人。

另外，罗马人还做了一件非常重要的事情，那就是制定人人都要遵守的规则，我们现在称之为**法律**。他们当时制定的很多法律都非常公正、合理，甚至现在有些法律还是以它们为范本制定的呢！

当时的罗马非常富有，人们用大量的钱财来修建庙宇、宫殿、公共浴场和被称为"**竞技场**"的大型露天场所，供人们在那里娱乐。竞技场有点儿像我们的足球场、棒球场或露天体育场，不过它可不是踢足球或打棒球的地方。人们在竞技场里举行双轮车比赛，以及角斗士之间或角斗士与野兽之间殊死搏斗。

罗马竞技场

罗马人最喜欢在竞技场中观看角斗士的搏斗。角斗士们通常是罗马人在战争中抓到的俘虏，人们从中挑一些强壮有力的男人，要他们互相格斗或和野兽搏斗，从而取悦看台上的观众。这些角斗非常残忍，但罗马人就喜欢这样血淋淋的场面。他们喜欢看到一个角斗士杀死另外一个角斗士，或杀死一头野兽，不看到这样的场面是不会满足的。

虽然罗马是一座先进、干净、美丽的城市，但来自帝国各地的巨大财富却几乎都落入了富人的手中，穷人则一无所有。而且，一直以来，都是富人变得越来越富，而穷人越来越穷。这样的状况持续了很长一段时间。后来怎样了呢？我们继续往下看。

罗马竞技场的表演

55

第 28 章 被朋友背叛的恺撒

在公元前100年的时候，有个小男孩在罗马出生了，他的名字叫尤利乌斯·恺撒。还记得吗？前面说过，就是重建了迦太基（现在叫作突尼斯）的那个人。

罗马帝国有一些偏远的属地总是不断反抗，想摆脱罗马的统治。因此，恺撒长大成人后，被罗马元老院任命为一支军队的将领，去平息两个远方属国的叛乱。这两个地方就是西班牙和西班牙北部一个叫高卢的国家（也就是现在的法国）。恺撒征服了他们，然后用拉丁文写下了自己战斗的过程。现在，这本书被称作《高卢战记》，是学习拉丁文的人要阅读的一本重要的著作。

高卢头领维钦托利投降，在恺撒面前放下了自己的剑

在公元前55年，恺撒乘船横渡到大不列颠岛（也就是今天的英国），征服了那里。第二年，他再次远征大不列颠岛。就这样，恺撒逐渐征服了罗马帝国西部的广大地区，还将这些地区管理得井井有条，因此他成了罗马帝国的名人。除此之外，他还非常受战士们的爱戴。

那时候，罗马还有一位有名的将领叫庞培，他也十分优秀，在战争中连连得胜。在恺撒征服罗马帝国西部的时候，他也率军在帝国的东部不断扩张。可是，当庞培看到恺撒的成就时，他开始嫉妒了。你看，有多少战争是因为嫉妒引起的啊！

恺撒远征大不列颠岛

于是，趁着恺撒外出征战的时候，庞培来到罗马的元老院，说服议员们下命令，要恺撒交出兵权并回到罗马。恺撒接到这个命令后，认真考虑了一段时间，最后，他决定率军回去夺下罗马，自己来掌权。他毅然决然地这样做了，也成功了。

就这样，恺撒成了整个罗马帝国的最高统治者。但他并没有称王，自从公元前509年塔克文被逐出国境后，罗马就再也没有国王了。罗马人也不想再要国王。但因为恺撒现在手握重权，有些人就认为，他完全可以借此称王，这是非常可怕的。因此他们密谋刺杀恺撒，以防止这样的事情发生。在这些密谋的人中，有一个名叫布鲁特斯，他曾经是恺撒最要好的朋友。

有一天，那伙反叛的人埋伏在恺撒去元老院的路上，恺撒出现时，他们一拥而上，你一刀我一刀地刺过去。

恺撒夺下罗马政权

恺撒大吃一惊，试图保护自己，但他身上只有一支书写用的铁笔，没多大用处。当他看到他最好的朋友布鲁特斯也拿着刀向他冲来的时候，他心痛极了，放弃了抵抗。他大声喊了一句："你也有份吗，布鲁特斯？"然后他就这样倒地死去了，那是在公元前44年。

英国的大戏剧家莎士比亚写了一部戏叫《尤利乌斯·恺撒》来纪念恺撒大帝。在英文中，"七月"（July）这个词也是以恺撒的名字尤利乌斯（Julius）命名的。

后来，德国的统治者统称为"恺撒"，意思就是独裁者或皇帝。而俄国"统治者"的发音也源于恺撒的名字，他们简称为"沙"，也就是"沙皇"。

恺撒被刺身亡

第29章 被奉为神灵的皇帝

与屋大维作战失败后，安东尼自杀了

恺撒被刺后，三个人统治了罗马帝国。一个是恺撒的另一个朋友安东尼，另一个是恺撒的义子屋大维。第三个人的名字你就不必知道了，因为安东尼和屋大维很快就把他除掉了。没过多久，他们两个又开始算计起对方的地盘了。

奥古斯都·恺撒

安东尼统治的地盘在罗马帝国的东部，而屋大维的领地在帝国的西部。屋大维安顿下来后，就出兵攻打了安东尼并击败了他。被屋大维打败后，安东尼非常抑郁，就自杀了。就这样，屋大维成了整个罗马帝国的统治者。他回到罗马城后，人们都高呼他为"皇帝"，于是，他放弃了屋大维这个名字，改称自己为"奥古斯都·恺撒"。

这是公元前27年发生的事。当初，在公元前509年的时候，罗马人赶走了国王，现在他们再度有了皇帝。皇帝的权力比国王还要大，因为皇帝统治的国家远远不止一个。

接下来，奥古斯都着手把罗马建设成为更美丽的城市。他拆除了很多用砖建造的老旧建筑，然后在原地建起了许多漂亮的大理石建筑。因此，奥古斯都很喜欢说，他得到的罗马是砖城，而留下的罗马却是大理石之城。

罗马最华丽的建筑之一是**万神殿**，万神殿的意思就是供奉所有神灵的庙宇。万神殿有个巨大的圆屋顶，它的形状就像一个倒扣着的碗，正中是一个用来采光的圆形的孔，叫"眼睛"。透过这个"眼睛"，即便是阴天，也能有足够的光线照进来，让你可以清楚地看到整个神殿富丽堂皇的内部。

罗马有一块方形的公共场地，被称作广场，人们在这里举办市集和各种活动。在广场的四周有神庙、法院和其他一些公共建筑物。

为了庆祝重大的胜利，罗马还建造了很多凯旋门。如果哪个英雄从战场上得胜归来，他和他的军队就会通过这样的拱门，进行一场胜利游行。

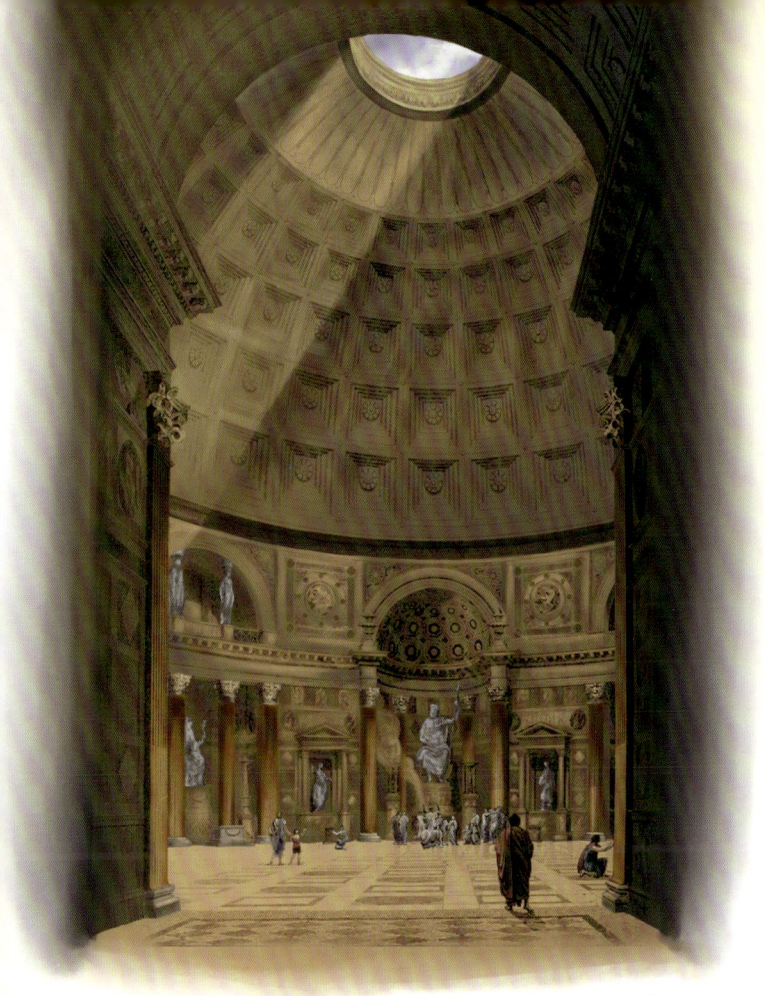

万神殿是至今完整保存的唯一一座罗马帝国时期的建筑

罗马还曾有一个巨大的半圆形露天竞技场，叫**马克西姆斯竞技场**，后来被拆毁了。它非常非常大，据说能够容纳20万人——比当时有些城市的总人口还要多呢！另一个竞技场是**罗马斗兽场**，在那里经常举办各种角斗比赛，就是前面讲过的角斗士之间或角斗士与野兽之间的殊死搏斗。现在这个斗兽场还矗立在那里，虽然已经残破不堪了。

奥古斯都在位的时候曾涌现出很多著名的作家，因此这段时期被称为**"奥古斯都时代"**或**"拉丁文学的黄金时代"**。最知名的两位拉丁诗人就生活在这个时期，他们的名字是**维吉尔**和**贺拉斯**。

维吉尔给奥古斯都作诗

奥古斯都死后被奉为神灵，人们为他建造了庙宇，并且以他的名字（Augustus）命名八月（August）这个月份。

59

第 30 章 新兴的宗教

耶稣为穷苦的人们传教布道

奥古斯都·恺撒曾是整个罗马帝国的主宰，世界上似乎没人能比他更有名了！但是，就在同一时期，有个人却比他更有名，他出生于罗马帝国东边一个偏远的小村庄，这个人的名字叫**耶稣·基督**。

耶稣是个犹太人，在青少年时期，他在父亲的木匠店里工作。30多岁之后，他开始传教布道，其内容就是现在的基督教义。

穷苦的犹太人倾听耶稣的宣讲，坚定地相信他所教导的一切，认为耶稣会把他们从罗马人的统治下解救出来。而有些教士则担心耶稣会取代他们的地位，于是他们密谋把耶稣置于死地。他们找到当地的长官彼拉多，告诉他耶稣想称王。彼拉多听信了教士们的话，处死了耶稣。就这样，耶稣被钉死在十字架上。

耶稣生前曾选了12个犹太同伴和他一起传教，他们被称为**"十二使徒"**。在耶稣被钉死后，使徒们四处游历，向众人传播耶稣的理论。信奉并遵循耶稣教导的人就被称为基督的门徒或基督徒。

基督徒们的行为引起了罗马人的注意。罗马人认为他们想要开创一个新的世界帝国，要和罗马以及罗马的皇帝作对，应该把他们关进监狱甚至处死。因此，在耶稣死后最初的100年中，大量的基督徒以叛徒的罪名被处死，或被施以残酷的刑罚。为基督而牺牲的基督徒被称为"殉道者"。第一位殉道者名叫**司提反**，他在公元33年被众人用石头砸死了。

耶稣被钉死在十字架上

基督徒坚定地相信有死后的世界，并且认为如果是为了基督而死，那死后一定会更加幸福，因此，他们乐于承受折磨，甚至甘于被杀。最终，有一个罗马皇帝下令制止了这种迫害。

大约在公元300年，罗马有个皇帝叫君士坦丁，他本来不是基督徒。有一次，君士坦丁带兵和敌人作战，一天晚上，他梦见天空中有一个正在燃烧的十字架，十字架下方有一行拉丁文，意思是"以此为记，你将得胜"。君士坦丁认为，这个梦的意思是，如果他戴着十字架上战场，就会获胜。梦醒后，他就让士兵们把盾牌都做个十字架标记，然后上阵杀敌，果然打了胜仗。于是，他立刻就成了基督徒，还命令罗马帝国所有公民都信奉基督教。

君士坦丁不太喜欢罗马城，所以他搬到罗马帝国东部的一座城市去住，并把那里定为都城。那个城市叫拜占庭，被称为新罗马城，之后改名为君士坦丁堡。

殉道者司提反

在君士坦丁时代以前，罗马帝国每周都没有假日。星期天和其他日子没什么不同，人们和平时一样该做什么就做什么。君士坦丁认为，基督徒应该每周有一天专门礼拜上帝，于是他把星期天定为休息日，也是基督徒的"圣日"，就像星期六是犹太人的圣日一样。

君士坦丁梦见十字架

君士坦丁是整个罗马帝国的首脑，而另一个人是世界上所有基督徒的精神领袖。这个人就是罗马主教，被称为教皇。无论基督徒居住在哪个国家，教皇一直是世界各地所有基督徒的精神领袖，这种情况持续了许多个世纪。

在耶稣诞生500多年之后，人们才开始以他的生年来计算日期，把耶稣诞生之前称为公元前，之后称为公元。可是他们把时间给弄错了，耶稣实际的诞生日比公元元年早了4年，也就是说，耶稣诞生于公元前4年。人们发现这个错误的时候，已经来不及改正了。

61

第 31 章 血与雷

每个好玩的故事里都有一个坏蛋，这样故事才有趣。罗马的故事里面有很多坏人，尼禄是最坏的一个。他是罗马的皇帝，生活在耶稣诞生后不久的时代，是历史上最残忍、最邪恶的统治者之一。

他杀了自己的母亲和妻子，还杀死了自己的老师塞涅卡。他折磨基督徒的手段也十分残忍。据说，尼禄曾经在罗马城放火，只是因为他想看火烧罗马城的乐子。他站在一座高塔上，在那里一边看火势蔓延，一边弹琴。大火日夜不休地烧了整整一周，毁掉了大半个城市。

尼禄为自己建造了巨大的宫殿，里面极尽奢华，装饰了大量的黄金和珍珠。这就是有名的"尼禄的金宫"。他还在金宫正面的大门前替自己立了一座15米高的巨大青铜雕像。这座雕像和金宫后来都被毁掉了。

尼禄的残暴激起了人们强烈的不满，军队也起来造反了。尼禄为了逃避被自己国民处死的耻辱，选择了自杀。就这样，罗马人除掉了他们最糟糕的一个统治者。

这就是要讲的"血与雷"这个故事的第一部分，接下来是第二部分。

尼禄的金宫和巨大的青铜雕像

耶路撒冷的犹太人从来不愿被罗马人统治，在公元70年，他们造反了，宣布不再服从罗马的命令，也不再向罗马进贡。当时的罗马皇帝派他的儿子提图斯率军去平息叛乱，但提图斯毁掉了整个耶路撒冷城，还屠杀了里面的犹太人，据说有100万人那么多。

耶路撒冷城后来又重建了，但从此之后，大多数幸存下来的犹太人流落到了世界各地。

提图斯凯旋门浮雕（局部），记录了提图斯毁灭耶路撒冷城后，率大军凯旋的场景

故事的第三部分是"雷"。

在意大利，有座火山叫维苏威火山，它的山脚下曾经有个叫作庞贝的小城镇。在公元79年的一天，提图斯成为皇帝后不久，维苏威火山忽然爆发了。这座可怕的火山不时发出隆隆的雷鸣声，伴随着剧烈的震动。庞贝城的人们夺路而逃，但是已经来不及了，火山爆发喷出的气体令他们很快窒息，倒地而死，被深埋在滚烫的岩浆下面，永远地留在了火山爆发时所在的位置。

这些人和他们的房子被埋在火山灰下面将近2000年，这么久的时间，大家都忘记了曾经有这么一个地方存在。直到有一天，一个人在曾经的庞贝城上挖井，结果挖到一只手——不是真人的手，而是一只硬得像石雕一样的手。他把这件事告诉了其他人，大家开始不停地向下挖啊，挖啊，最后整个庞贝城都被挖了出来。现在，你可以去参观庞贝城的遗址，亲眼看看它曾经的样子。

你会看到庞贝城当年的房屋、店铺、庙宇、公共澡堂、剧院、市集和广场。街道上有马车轧过时留下的车辙痕迹。还有当时人们使用的青铜饰品、花瓶、灯和锅碗瓢盆，床和桌椅跟当初被埋时的情景一样。更不可思议的是，有个炉子里的灰烬中，埋着四季豆、青豆和一颗完好无损的蛋——这可能是世界上最古老的蛋了！

庞贝城的一切都被火山灰保留了下来

第 32 章 野蛮的侵略者

罗马帝国确实有过辉煌的岁月。它曾经拥有过前所未见的庞大版图，但后来还是被征服了。你一定猜不到是什么人征服了它。

打猎的日耳曼人

主神沃登

长期以来，在罗马帝国的北部边界，一直居住着一个好斗的民族，他们不时越过边界进入罗马境内。因此，罗马人不得不经常和他们交战，试图把这些人赶回他们自己的领土去。罗马人叫他们野蛮人，我们现在称之为<u>日耳曼人</u>。

多数日耳曼人都是蓝色眼睛、浅色头发，也就是我们所说的金发碧眼。希腊人和罗马人以及其他生活在地中海周围的人大多是深色头发、黑色眼睛。

日耳曼人不识字，他们住在用木头做的小屋里，有些小屋就是简单地用树枝编起来的——像个大篮子一样。女人们种菜、饲养牛马；男人们打猎、作战和打铁。

雷神托尔

日耳曼部落没有国王，首领是通过选举产生的。最勇敢、最强壮的人往往最容易被选上。首领不能让自己的儿子继承他的权位，所以部落的首领更像是总统而不是国王。

日耳曼人信奉的神灵和希腊人、罗马人信奉的神灵完全不是一回事。他们的主神是沃登，既是战神也是天神，星期三（Wednesday）就是以沃登（Woden）的名字命名的。

托尔（Thor）是他们信奉的另一位重要的神灵——雷神。他随身带着一把铁锤，用这把铁锤和住在远方寒冷地带的冰巨人作战。星期四（Thursday）就是以托尔的名字命名的。

64

除此之外，人们以蒂乌（Tiu）的名字命名了星期二（Tuesday），以弗蕾亚（Freya）的名字命名了星期五（Friday）。我们的一周有四天都是以日耳曼神灵的名字命名的。

一周里剩下的那三天，星期天（Sunday）和星期一（Monday）是以太阳（Sun）、月亮（Moon）来命名的，星期六（Saturday）则是源于罗马神话的农业之神萨杜恩（Saturn）。

盎格鲁人和撒克逊人在不列颠定居，那里因此定名

大约在公元400年时，日耳曼人成了让罗马人非常头疼的麻烦，他们进入罗马的北部地区，慢慢地，罗马人再也没办法把日耳曼人驱赶出去了。在这些日耳曼人中，有两个部落进入了不列颠地区并定居在了那里，他们分别是盎格鲁人和撒克逊人，因此这个地方后来被叫作盎格鲁人的土地，即"盎格鲁之地"（Angle-land）。这个词沿用多年之后，就变成了我们今天所说的"英格兰"（England）——英国。我们把所有公元400年时在不列颠定居的盎格鲁人和撒克逊人的后代都叫作**盎格鲁-撒克逊人**。

另一个叫汪达尔的部落经过高卢，继续南下到西班牙，后来又乘船到达了北非，一路烧杀抢掠、无恶不作。因此，有些人把恶意破坏或损毁他人财物的人叫作**汪达尔人**，意思是破坏者。

在汪达尔部落之后，有一个叫**法兰克**的部落进入了高卢。他们在那里定居下来，并把高卢命名为"法国"。

意大利北部有一群**哥特人**，后来他们入侵了罗马，在那里大肆抢掠，罗马人却对他们毫无办法。但是，这还不是最糟糕的，最糟糕的还在后面呢！

法兰克人在高卢的海边上岸，后来也在那里定居

65

第 33 章 世界霸主遭遇野蛮人

日耳曼人是蛮族，而在比日耳曼地区更偏远的东北方，还有一个野蛮又强悍的民族，叫作**匈奴**。即使是凶狠善战的日耳曼人，也对匈奴人惧怕三分。

有一个叫**阿提拉**的匈奴首领曾经吹嘘说，凡是他的马蹄踏过之处，寸草不生。阿提拉和他所率领的匈奴人从遥远的东方不断地向外扩张，差一点儿打到了巴黎，他们把一路征服的土地都变为了废墟。最后，在离巴黎不远的一个叫沙隆的地方，匈奴人和日耳曼人展开了激烈的战斗，这就是历史上著名的"**沙隆之战**"。

在离巴黎不远的沙隆，日耳曼人和匈奴人展开了激战

这是**公元451年**的事，这场战争在历史上十分重要，如果日耳曼人没有拼死一战击败匈奴人，匈奴人可能会征服全世界呢！

以阿提拉为首的匈奴人在沙隆被击败后，就掉转矛头，攻向南边的意大利，一路所向披靡，没有受到什么抵抗就到了罗马。

当时的罗马教皇是**利奥一世**，带着他的红衣主教团走出罗马，身着华丽的教袍去会见阿提拉。令人不可思议的是，阿提拉没有伤害他们，也没有入侵罗马，而是打道回府，离开了意大利，回到了北边他们那不为人知的老家。

利奥一世会见阿提拉

然而，罗马最终劫数难逃。阿提拉前脚刚走，在非洲的汪达尔人就渡过台伯河到了罗马。他们不费吹灰之力攻下了罗马，把罗马洗劫一空。

公元476年，罗马城被汪达尔人攻陷

可怜的罗马！它终于被打败了，而且再也没有爬起来过。它曾经是世界的冠军，这个头衔维持了许多年。如今它老了，力气已经用尽，再也无法抵御蛮族的入侵。罗马城在公元476年失陷，它是西罗马帝国的首都，西罗马帝国就此四分五裂，分别由日耳曼部落中各个不同的部族所统治。而以君士坦丁堡为首都的东罗马帝国还继续存在着，没有被蛮族征服，而且一直延续了近千年，直到……这个到后面再说。

人们都认为，公元476年是欧洲古代历史的结束，在那之后的500多年被叫作"欧洲的黑暗时代"，因为在那段漫长的时间内，欧洲主要是被那些甚至不会读书写字的蛮族所统治。他们虽然皈依了基督教，也慢慢开始学习拉丁语，但他们将拉丁语更改了很多，掺杂了自己的语言进去。统一的罗马帝国不复存在，人们也不再经常旅行，于是，不同地区的人们开始使用不同的语言和文字，每个字的发音也变得不一样了。久而久之，老百姓就都不再讲拉丁语了，而是使用新形成的西班牙语、意大利语和法语。

不过，在不列颠，盎格鲁-撒克逊人坚决不肯讲拉丁语，他们一直保留着自己的语言，也就是英语。后来，在公元600年前后，罗马教皇派了一些传教士去英格兰向英国人传播教义，就这样，英国人最终也成了基督徒。

在传教士的感化下，英国人也成了基督徒

第 34 章 各地的国王

西罗马帝国沦陷后，其领地被日耳曼人割据统治了。前面说过，日耳曼人不识字，几乎什么都不懂，在他们的统治下，那个时代像黑夜一样黑暗。

圣索菲亚大教堂

不过，在君士坦丁堡，统治着东罗马帝国的还是罗马人，国王叫**查士丁尼**，他做了一件影响非常深远的事。在他统治国家之前，罗马的法律条文和各种规范又多又杂，甚至相互矛盾。比如，某条法律说可以做某件事，另一条法律又说不能做。这样，人们根本不知道该做什么、不该做什么。为了解决这样的混乱，查士丁尼专门制定了一套法规。这套法规非常完善、公正，直到现在有些法律条文仍然为人们所用。

查士丁尼另一件流传至今的功绩，是他在君士坦丁堡建了一座非常华美的教堂，叫**圣索菲亚大教堂**。尽管现在它已经不是教堂了，但经过这么漫长的时光，它依然屹立在那里，成为一座美丽的名胜古迹。

查士丁尼的第三件功绩与战争、法典和建筑都没关系。从头讲起吧：在遥远的中国，有一种神奇的毛毛虫，它会吐出一种又细又薄的长丝把自己裹起来，把这种长丝展开的话，可以超过1000米。中国人会把它的丝织成光滑柔软的布料。你可能已经猜到了，没错，这种线就是蚕丝，而这种毛毛虫就是蚕。欧洲人不知道这种美丽的布料是怎么被织出来的。查士丁尼知道了毛毛虫的秘密，就派人把蚕引进了欧洲，这样，他的国民也能穿上华美的丝绸了。

日耳曼人统治的地区就没那么开化了，他们花了很长时间才变得文明些。他们接触的第一个宗教，就是基督教。

大约在查士丁尼的同一时代，法兰西的国王叫克洛维。克洛维的妻子不喜欢打打杀杀的事情，于是受洗成了一名基督徒，然后劝说克洛维也皈依了基督教。后来，克洛维把巴黎定为首都，一直到现在，巴黎都是法国的首都。

法兰西国王克洛维受洗成为基督徒

亚瑟轻松拔出了王者之剑

在这个时期，统治英格兰的国王叫亚瑟。亚瑟王选了一些贵族和他一起管理国家，他们经常围着圆桌开会，人们就把他们称为"圆桌骑士"。世界上流传着很多关于亚瑟王的故事和诗歌，其中大部分都是神话，而不是真实发生过的事。

据说，有一把剑叫作"王者之剑"，它紧紧地卡在一块石头里，只有未来的英格兰国王才能把它拔出来。所有的贵族都试图拔出这把剑，但他们都失败了。有一天，一个叫亚瑟的年轻人轻而易举地就把剑拔出来了，于是，他就顺理成章地做了英格兰的国王。尽管这个故事是虚构的，但听起来还挺有趣，是吧？

第 35 章 伊斯兰教先知

在7世纪，出现了一个改变了全世界的人。他既不是罗马人、希腊人、法兰克人、英格兰人，也不是什么国王或将军，你猜他是什么人呢？

这个人叫**穆罕默德**，他住在遥远的阿拉伯半岛上一个叫**麦加**的小城里。他的父母在他很小的时候就双双去世了，他是被经营骆驼商队的叔叔养大的。成年后，他为叔叔做着赶骆驼的活儿，后来结了婚，生活得很幸福。

大约在穆罕默德40岁的时候，有一天，他在自己经常学习、思考的山洞里冥想时，看到天使吉卜利勒出现在他的面前，告诉他安拉指示他四处走访，教导人们信仰一种新的宗教。这种宗教教导人们要转变自私自利的生活方式，要关心不幸的人们。在当时的阿拉伯，经常有人因为不同的宗教信仰而发生冲突。

穆罕默德回家后，把这件事告诉了他的妻子，她立刻相信了他，并成为他的第一个信徒。接着，他又去向其他人传教。越来越多的人成了他的信徒，一种新的宗教就这样诞生了，它被称为"**伊斯兰教**"。信仰伊斯兰教的人，被称作"**穆斯林**"。不过，也有些人觉得穆罕默德不可信，他们想阻止他布道，甚至想杀死他。于是，在**公元622年**，穆罕默德和他的信徒们离开了麦加城，逃到了不远的**麦地那**。

信徒们离开麦加

麦加是所有穆斯林心中的圣城

到了麦地那之后，穆罕默德只活了10年，他于公元632年去世。新继任的穆斯林领袖被称为"哈里发"。后来，穆斯林信奉的教义被记录下来，编成一本厚厚的书，这本书叫《古兰经》（也称作《可兰经》），书中明确告诉了教徒们应该做什么，不应该做什么。

因为穆罕默德出生在麦加，所以麦加就成了穆斯林心中的圣城。他们祈祷的时候，也都要面朝麦加的方向。他们做礼拜的地方叫清真寺，无论他们身在何处，每天都要做五次祷告。

伊斯兰教早期发展得很快，穆斯林建立了一个大帝国，他们的军队沿着地中海周围行进，穿过中东，但在君士坦丁堡多次吃了败仗，不得不停了下来。后来，他们又沿着非洲海岸向欧洲进发，让所经之处的一些人改信了伊斯兰教。他们穿过直布罗陀海峡进入西班牙，还进入了法国，但在法国一个名叫图尔的小城附近被打败了，这才在欧洲停止扩张。

那是公元732年的事，距穆罕默德逃到麦地那只过了110年。换句话说，伊斯兰教仅仅创立了110年，就征服了地中海周边一大片区域：从君士坦丁堡起，一路绕过整个地中海南岸，向北经过西班牙一直到达法国图尔地区。直到今天，地中海的东边和南边地区的人们仍然大部分都信仰伊斯兰教。

图尔战役

第36章 阿拉伯时代

铺满马赛克的阿拉伯建筑

你读过童话故事《一千零一夜》吧？这本书的原名叫《阿拉伯之夜》，但现在要讲的，是"阿拉伯的白昼"，也就是阿拉伯时代。

阿拉伯人在很多方面都是优秀的，他们的文化影响深远，我们也从他们身上学到了很多东西，比如"**阿拉伯数字**"，就是我们现在算术中会用到的0、1、2、3、4……（当然，经过科学家们的考证，阿拉伯数字其实是由印度人发明的，后来由阿拉伯人传到了欧洲）。罗马人用字母代替数字，例如V代表5，X代表10，C代表100，M代表1000，以此类推。你想想看，对于一个罗马学生来说，要计算数字是多困难的一件事啊！而用阿拉伯数字就方便多了。

煮咖啡的阿拉伯人

除此之外，阿拉伯人还建造了很多漂亮的建筑，这些建筑的门窗既不是方的也不是圆的，而是马蹄形的。清真寺的圆屋顶通常都是洋葱一样的形状，而在清真寺的四角，阿拉伯人会建起高高的尖顶或尖塔。他们还会用马赛克（一种用来拼成各种装饰图案用的小瓷砖）和美丽的图案来装饰建筑物的墙壁，不过，他们很小心，不会让这些图案和任何自然物有相似之处，这是因为《古兰经》上有一条戒律："无论是天上、地下还是水里的东西，你都绝不能仿制。"因此，他们用各种线条来设计图案，这些图案被称作"**阿拉伯式花纹**"，它们不像任何自然物，却非常漂亮。

阿拉伯人发明了**咖啡**，现在咖啡已经是全世界大多数人都喝的饮料了。他们还发现，葡萄汁发酵之后，会发生奇怪的变化，喝下去的人都会变得很兴奋——这就是**葡萄酒**。他们害怕这种东西，认为饮酒是罪恶的事，所以穆斯林是不喝酒的。

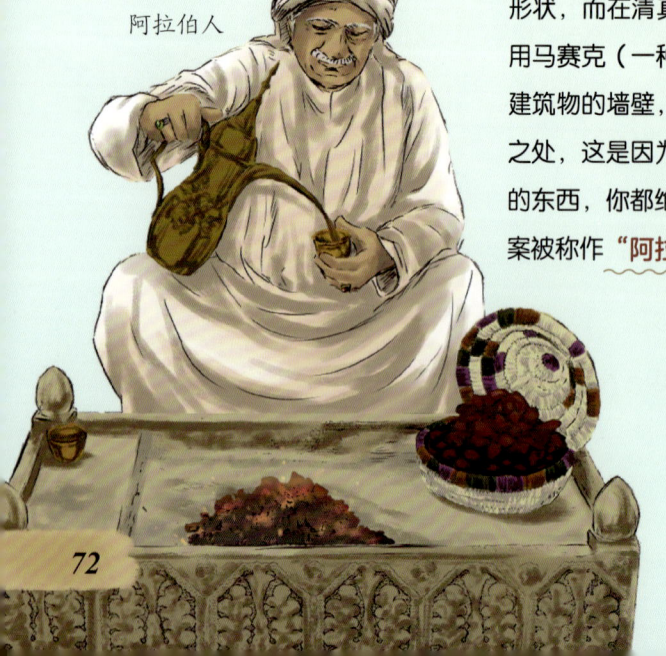

阿拉伯人发现了用棉花来制作布料的方法，这种布料比羊毛布料便宜多了。然后，为了装饰布料，阿拉伯人又用各种形状的木块蘸上颜料，在布料上印出各种花纹，这种印染布料叫作"印花布"。

阿拉伯人的印花布非常漂亮，很受女士欢迎

在古代的巴比伦城所在地的附近，阿拉伯人建起了一座城市，名叫巴格达。如果你读过《一千零一夜》这本书，你就一定听说过它，因为书中的很多故事都发生在巴格达。巴格达是当时阿拉伯国家的东部都城，西班牙的科尔多瓦则是西部都城，阿拉伯人在这两座都城建了很多学校，这些学校的名气经久不衰。

巴格达是世界历史文化名城之一

我还可以再给你讲一些阿拉伯人做过的事情：他们发明了国际象棋（真正的发明者也许不是阿拉伯人，但却是他们把这个游戏传到了欧洲）；他们制作了用钟摆摆动来显示时间的时钟；他们建造了许多漂亮的图书馆；等等。

第 37 章 黑暗时代的一道光

在前面说过，欧洲曾在黑暗之中度过了几百年，那是因为聪"明"人太少了，不能把黑暗照亮。

不过，在**公元800年**时，有一道"明亮的光"——一个国王出现了。他凭借自己的能力和权势，将四分五裂的欧洲重新统一起来，使它成为一个新的罗马帝国。他是一个法国人，名叫查理。查理的法语名字是"**查理曼**"，也就是"查理大帝"的意思。

起初，查理曼只是法国的国王，但他并不满足于此。不久，他就征服了周边一些国家和地区，其中包括西班牙和德国的一些领地。然后，他把帝国的首都迁到了德国一个叫亚琛的地方。

那时，意大利的大部分地区都是由教皇统治的。但是，意大利北部的一些部落很不安分，让教皇很伤脑筋。教皇就派人找到查理曼，请他帮忙征服这些部落。查理曼欣然前往，轻而易举地解决了这些惹事的部落。为此，教皇非常感激查理曼，想要奖赏他。

公元800年的圣诞节，查理曼来到罗马的圣彼得大教堂。正当他在祭坛前祈祷的时候，教皇走上前来，为他戴上了一顶王冠，并高呼他为"皇帝"。那个时候，教皇可以加冕国王和皇帝，查理曼就这样成了意大利和他统治的其他所有国家的皇帝。其实，他统治的这些地区的面积和古代罗马帝国的西部地区差不多。因此，查理曼的帝国就像一个全新的、小一号的罗马帝国。而最大的区别就是：它的统治者并不是一个罗马人，而是一个日耳曼人。

教皇为查理曼加冕

阿尔昆教导查理曼和他的孩子们学习知识

查理曼最早也是一个没受过教育的日耳曼人，但是他跟大多数日耳曼人不同，查理曼渴望学习知识，渴望接受教育。本国没有人能教他，他就在外国寻找，他听说英格兰有一位非常博学的修道士叫阿尔昆，就特意把阿尔昆请来教导他和他的国民。阿尔昆教授查理曼科学、拉丁语和希腊诗歌，还教查理曼学习希腊哲学家的智慧。

查理曼很快地掌握了这些知识。他是成年以后才开始学习的，读书、写字对他来讲太困难了，但他一直勤学不辍。他还让他的女儿们学习织布、缝纫和烹饪。他周围的人爱穿高雅华丽的衣服，他却不喜欢，只喜欢吃普通的食物，穿朴素的衣服。想想看，他可是个富有而又有权势的君主啊！

查理曼在世的时候，遥远的巴格达有个名叫哈伦的领袖。尽管哈伦是个穆斯林，但他非常钦佩查理曼。为了表达对查理曼的重视，他曾给查理曼送去许多珍贵的礼物，其中就有一座可以报时的钟——记得吧，这是阿拉伯人的发明。这在当时是极其珍贵的，因为欧洲那时候还没有时钟。

查理曼死后，再也没有像他那么聪明能干、能统治这个帝国的人了。于是，这个新的罗马帝国，又一次走向了四分五裂。

哈伦很钦佩查理曼，给他送去了许多珍贵的礼物

第 38 章 英国人的启蒙时代

阿尔弗雷德专注思考,蛋糕都烤煳了

公元900年的时候,英格兰只是个微不足道的小岛。

如今,它依然只是一个小岛,但已经是世界上有名的岛国了!

大约在查理大帝死后100年的时候,英格兰由一位名叫**阿尔弗雷德**的国王统治。那时,英格兰经常被海盗侵扰。这些海盗可以说是英格兰人的远亲——一个叫**丹麦**的日耳曼部落。他们从自己的国家渡海过来,在英格兰海岸登陆,抢劫那里的城镇和村庄,然后带走他们能够带走的所有值钱的东西,再渡海回去。英格兰多次出兵去对付这些海盗,都被打败了。

有一次,阿尔弗雷德国王亲自出征,却被打得全军覆没,只有他一个人逃了出来。他衣衫褴褛、筋疲力尽,来到一个牧羊人的小屋前,想向主人讨点儿东西吃。牧羊人的妻子正在烤蛋糕,她让阿尔弗雷德帮她照看一下蛋糕。阿尔弗雷德在火炉旁坐了下来,可是,他脑子里想的全是用什么办法能够打败丹麦人,把烤蛋糕的事情忘得一干二净。牧羊人的妻子回来一看,蛋糕全都烤煳了,她狠狠地责骂了他一顿,并把他赶了出去。她完全不知道自己赶走的是国王,因为阿尔弗雷德没告诉过她自己是谁。

深思熟虑之后,阿尔弗雷德认为,击败丹麦人最好的办法不是陆战而是水战。于是,他开始建造比丹麦人的更大、更好的船。过了一段时间后,他有了一支舰队,这些船比丹麦人的船要大很多。虽然在浅水中,大船会搁浅,但到了深水区,阿尔弗雷德的舰队就威力十足了。这是英格兰历史上的第一支海军,后来,英国海军一度成为世界上规模最大的海军。

与丹麦人交战多年后，阿尔弗雷德认为最好的办法是和他们达成协议。只要丹麦人答应不再抢劫，老老实实地过日子，就在英格兰给他们划出一块土地来居住。丹麦人接受了这个协议，在阿尔弗雷德给他们的土地上平静地生活下来，后来他们也成了基督徒。从那以后，双方再也没有纷争了。

丹麦人接受了阿尔弗雷德的协议，在英格兰定居下来

博学多才的人们给英格兰带来了生机

阿尔弗雷德制定了严格的法律，犯法的人会受到非常严厉的惩罚。因此，据说在阿尔弗雷德统治期间，英格兰人民都小心翼翼地遵守法律，即使有人在路边丢了金子，也没人敢捡走。

阿尔弗雷德还从欧洲请回了许多博学多才的人，教给他的臣民各种知识。据说，他还创办了一所学校。这所学校目前是全世界知名的学府之一，它就是 **牛津大学**，至今已经有1000多年的历史了。

从阿尔弗雷德大帝开始，英国人开启了他们的启蒙时代。

第 39 章 真正的城堡

你可能以为，城堡只属于童话故事里的王子和公主。

然而，在<u>公元1000年前后</u>，欧洲几乎到处都有城堡。不是童话中的城堡，而是平常人居住的真正的城堡。

在公元476年西罗马城沦陷之后，罗马帝国变得四分五裂，人们就在四分五裂的土地上修建城堡。这一章就来讲一讲，人们为什么修筑城堡，怎样修建城堡，城堡是什么样子的。

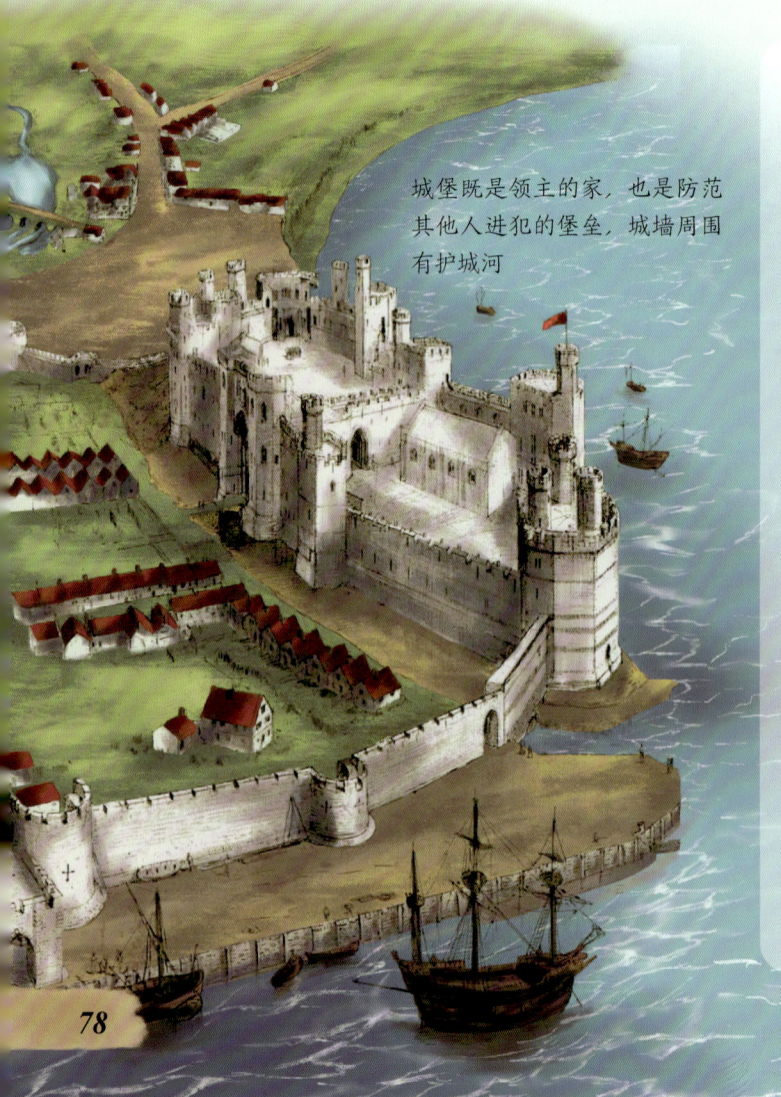

封臣跪在领主面前宣誓效忠

城堡既是领主的家，也是防范其他人进犯的堡垒。城墙周围有护城河

古代的任何一位统治者，不管是国王还是亲王，在打了胜仗之后，都会把一部分土地奖赏给那些跟随他作战、帮助他获胜的将军，而这些将军又会把自己的一部分土地分给有功的下属。分封土地的人被称为领主，获得土地的人被称为封臣。每个封臣都必须承诺：只要需要，他随时都要跟随他的领主出兵打仗。这种承诺不是轻率而随便的，封臣必须跪在他的领主面前，庄重宣誓，这种仪式被称为<u>"宣誓效忠"</u>，之后至少每年重复一次。而这种分封土地的方式被称为<u>"封建制度"</u>。

随后，这些领主或贵族都会在自己分到的土地上为自己建造城堡，像一个小国的国王那样，带着自己的手下生活在里面。城堡不仅是他的家，更是防范别的贵族来进犯的堡垒。为了安全起见，城堡通常都建在山顶上或悬崖上，这样即使有敌人进攻，也会相当费力。城堡的墙是用石头砌成的，一般都有3米多厚。城墙周围往往环绕着一条深沟，沟里注满了水，叫"护城河"，这样敌人就更难攻进城堡了。

在不打仗的太平日子里，人们在城堡外耕种土地，到了贵族们打仗的时候，人们就会带着自己的粮食、牲畜以及全部家当躲到城堡里面去。整个战争期间他们都会住在城堡里，有时要住几个月甚至几年。所以，城堡必须建得很大很大，像一个有围墙的城镇一样。

在城堡的城墙里面，会有很多小屋子，供人居住、养牲口、做饭和储存粮食。有的城堡里面还有教堂呢！而城堡里面最大、最好的房子当然是领主自己住，它被称为"**要塞**"，意思是城堡中最坚固的部分。

城堡的城墙中会有很多小屋子，供人们居住和生活

住在这样的城堡里面，贵族和他的属民们看起来是很安全的。想要进入城堡，要先穿过护城河，也就是说要经过城堡门口一座横跨护城河的吊桥，才能进入城堡的入口，也就是大门。等到打仗的时候，吊桥会收起来，这样，敌人就只能游泳通过护城河。他们涉水过护城河的时候，城堡里的人会对他们丢石块，用烧化的沥青泼他们。城堡的城墙上没有窗户，只有一些又细又长的缝儿，战士们可以从缝里向敌人射箭，而敌人想要把箭射进这样的细缝里非常难。

尽管攻打城堡很难，可也不是没有办法。

有时候，敌人会建造一座高高的木塔，下面装着轮子。他们把木塔移到靠近城墙的地方，这样就可以站在塔顶上直接向城堡里射箭了。

有时候，敌人会在城堡外面挖地道，从地下通过护城河和城墙直接进入城堡。

有时候，他们会制造一种叫作攻城槌的大机器，用它来捣毁城墙。

有时候，他们会使用巨大的投石器，把石头往墙内抛，就像一个超大号的弹弓一样。当然了，他们也只能扔石头，那时候还没有大炮、炮弹和火药呢。

城堡攻防战

79

第 40 章 骑士和骑士时代

刚给你介绍的历史年代被称为"骑士时代"。领主和他的家人都是贵族，而其他大部分的人，都只是平民。

平民没有学校可以上，他们只能学习如何工作。而领主的儿子们会接受非常良好的教育。他们只学习两件事：怎样做一个绅士，怎样打仗。

领主儿子的成长过程一般是这样的：

先由母亲带到7岁，满7岁时，会被称为"骑士侍童"。在接下来的7年里，他一直都是侍童，主要任务是服侍城堡里的女士们，为她们跑腿、送信，服侍她们用餐等。在这段时期内，他还会学习骑马，学习做一个勇敢而谦恭的人。

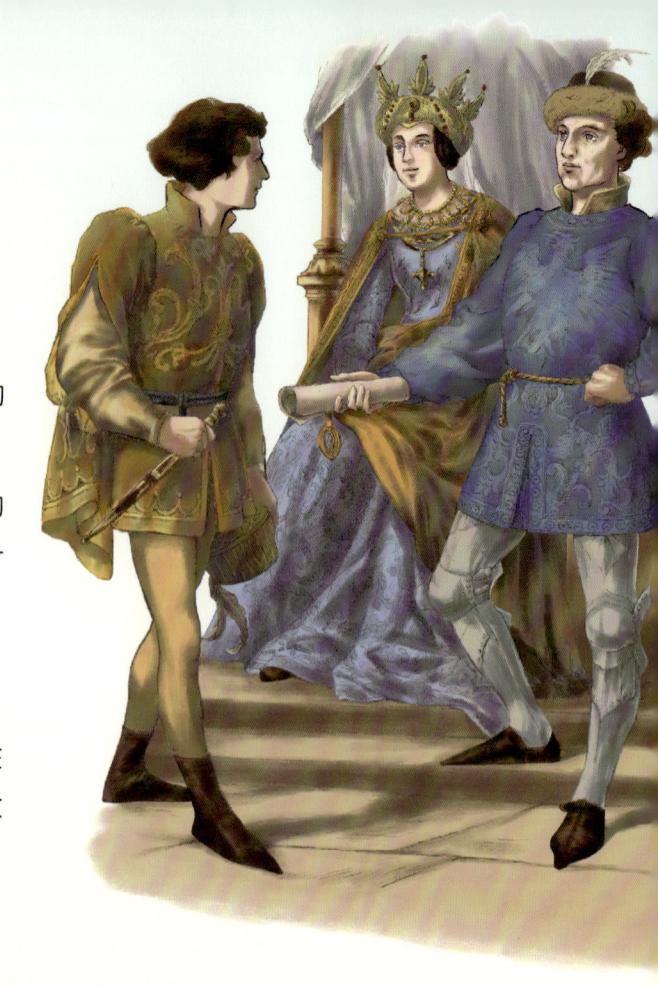

到了14岁，他会晋升为侍从，直到21岁。在这段时间内，他主要服侍城堡里的男人们，照料骑士的马匹，跟随他们作战，他会带着一匹备用的马和一些枪、矛以备不时之需。

到21岁时，如果他是一名称职的侍从，又学会了要学的东西，就能成为一名骑士了。成为一名骑士要举行正式的仪式，就像毕业典礼一样。

首先，他要沐浴。这看起来似乎不值一提，但在那个时候，洗一次澡是很难的，许多人很多年都不洗澡呢！沐浴后他会穿上新衣服。接着，我们的准骑士要在教堂里祷告整整一夜。天亮之后，他再来到众人面前，庄严地宣誓：

要勇敢、善良；
要为基督教而战；
要保护弱小；
要尊重女性。

这些就是骑士的誓约。宣完誓，有人会给他系上一条白色的皮带，还会在他的靴子上系上金色的马刺。穿戴好之后，他跪下来，贵族领主会用剑背拍打他的肩膀，边拍打边说："我现在册封你为骑士。"

骑士上战场的时候都要全副武装，头戴钢盔、身着盔甲，盔甲是用铁环或鱼鳞形状的钢片制成的，使他免受敌人箭支和长矛的伤害。为了分清敌友，骑士们一般会在罩着盔甲的战袍上做一个标记以表明身份，比如狮子、玫瑰、十字架的图案或某种装饰物的样子，这种标记叫作**"盾形纹章"**。

正如前面讲过的那样，骑士首先被教育成一名绅士。因此，当我们今天看到一个举止文雅、彬彬有礼，尤其对待女士很周到的男士时，还是会形容他很有骑士风度。骑士来到女士面前时，会把头盔摘下来，意思是"你是我的朋友，所以我不需要头盔"，后来有风度的男士遇到女士时要脱帽致敬就是这么来的。

经贵族领主册封后，就是正式的骑士了

骑士们最重要的事情是学会作战，就连他们玩的游戏都是打仗比赛，那是一种模拟战斗，被称为**"马上比武大会"**。

马上比武大会在比武场上举行。每到这个时候，都有大批的观众挥舞着旗子、吹着喇叭围在场边观看。骑士们骑在马上，在比武场的两端各就各位。他们都手持长矛，不过长矛的尖端都被包好了，以防骑士们受伤。比武开始的信号一发，骑士们就冲向比武场的中心，用长矛攻向对手，设法把对方从马上挑下来。成功把对手挑下马的获胜者将得到一位名媛送的缎带或纪念品。骑士们很看重这种胜利纪念品，就像现在体育比赛的运动员看重他们的奖杯一样。

骑士们还喜欢带着狗和受过训练的猎鹰去打猎，不管是贵族还是名媛，都很喜欢这种运动。猎鹰被训练得像猎犬一样，能捕捉像野鸭、鸽子之类的鸟类，也能捉到一些小动物。不过，男人们通常更喜欢猎野猪，因为捕获野猪更加危险，更像是男人的运动。

马上比武大会

第 41 章 自我加冕的国王

侵犯法国海岸的维京人

在阿尔弗雷德做国王的时候，丹麦人经常侵犯英国。

差不多同一时期，丹麦人的亲戚**维京人**也在法国的海岸大肆掠夺。

为了不让维京人来骚扰，当时的法国国王效仿英国的阿尔弗雷德国王，把法国海岸的一部分土地划给了维京人。而维京人也像丹麦人一样，在那里定居下来。分给维京人的那块土地被称为诺曼底，到今天它还是叫这个名字。从那之后，那里的人就被叫作诺曼人。

1066年，一个非常有能力的公爵统治了诺曼底，他的名字叫**威廉**，是著名的海盗罗洛的孙子。威廉身体强健，意志坚强，统治人民也采用强硬的手段。他不满足于做一个公爵，他想做国王，而且，想做英国的国王。

碰巧有一天，有个叫**哈罗德**的英国王子在诺曼底海岸遭遇海难，被人救了，带到威廉那里。威廉想，这可是把英国弄到手的好机会。于是，他迫使哈罗德发誓，如果有一天他做了国王，就把英国送给威廉。为了让这个誓言更加神圣而有约束力，威廉让哈罗德把手放在祭坛上发誓，就像现在西方人发誓的时候把手放在《圣经》上一样。

然后，哈罗德被放回了英国。在他即将成为国王的时候，人民当然不会同意把英国送给威廉。哈罗德自己也认为，他发的誓言是违背自己意愿的，根本不具约束力。哈罗德当上英国的国王后没有遵守誓言。

威廉听说了这件事后怒不可遏，他立刻召集了一支军队，渡过海峡，要把英国从哈罗德手里抢过来。

哈罗德被迫发誓

威廉给自己加冕，成为国王

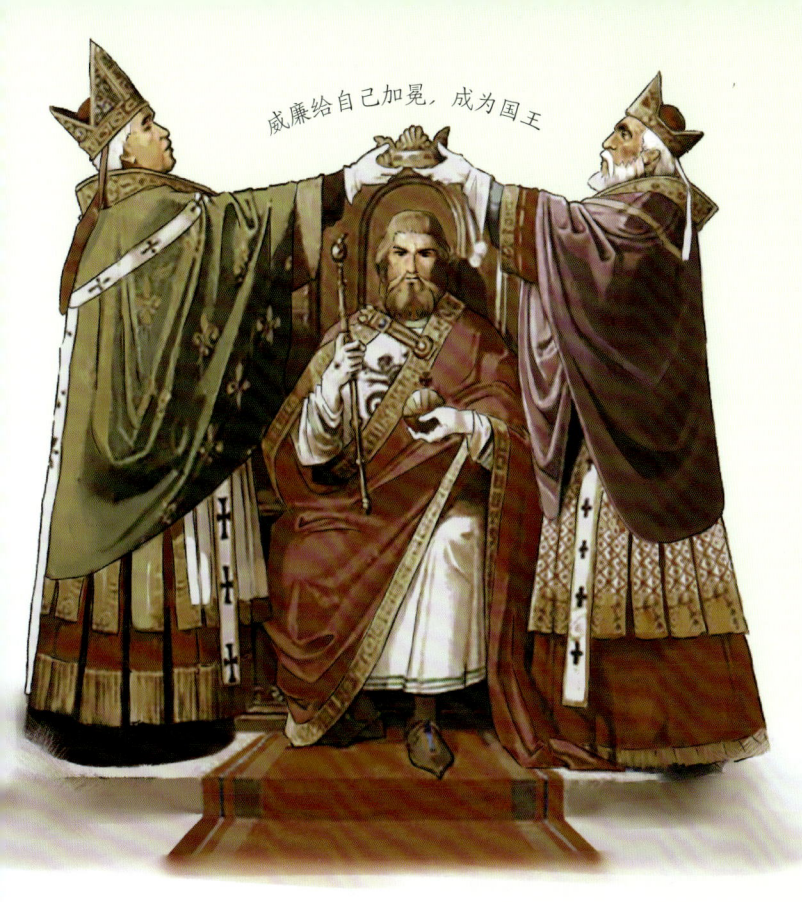

战争开始了，英国人为了保卫家园和敌人展开了激烈的战斗。在他们差不多就要打赢这场战役的时候，威廉下令让他的军队假装战败逃跑。英国的军队紧跟着追了上来，他们被胜利的喜悦冲昏了头脑，队形四散开来、杂乱无章，就在这时，威廉发出了一个信号，他的战士们迅速转过身来，杀向对手。英国人大吃一惊，还没来得及重新调整队形就被击败了，国王哈罗德被一箭射穿眼睛而死。这就是 <u>黑斯廷斯战役</u>，英国历史上著名的战役之一。

威廉继续向伦敦进军，并在1066年的圣诞节给自己加冕为国王。从那之后，他就被称为 <u>"征服者威廉"</u>，也叫 <u>"威廉一世"</u>，而这次事件被称为"诺曼征服"。自此之后，英国有了新的王族——一个出身海盗的诺曼家族。

威廉依照封建制度，像分大饼一样把英国的土地一块一块地分给他手下的贵族们。这些贵族都在各自的封地上建造了城堡，威廉自己也在伦敦的泰晤士河旁建了一座，直到今天它依然屹立在那里，这就是著名的 <u>"伦敦塔"</u>。

威廉是一个出色的领袖，他派人去调查，把英国所有的土地、人口和财产都记录下来，整理成册。这份记录被称为 <u>《末日审判书》</u>，有点儿像现在的"人口普查"。直到今天，英国人还可以通过这本书查到他们祖先的姓名，知道他们有过多少田地、牛和猪。

为了防止有人在夜里为非作歹，威廉创立了"宵禁"制度。每天晚上的特定时刻，各地的钟声都会响起，然后所有的灯都必须熄灭，所有人都要回家，上床休息。

不过，威廉做了一件让英国人非常愤怒的事。他酷爱打猎，为了能有个地方打猎，他毁掉了大量村庄、房屋和农田，把土地变成了森林。这个地方就是 <u>"新森林"</u>，距今已经有近千年的历史了。"新森林"就是现在的 <u>英国国家公园</u>。

总之，威廉虽然是海盗的后代，但他把英国治理得非常好。从此以后，再没有别的国家征服过英国。所以，1066年对英国人来说就像他们的建国第一年一样重要呢。

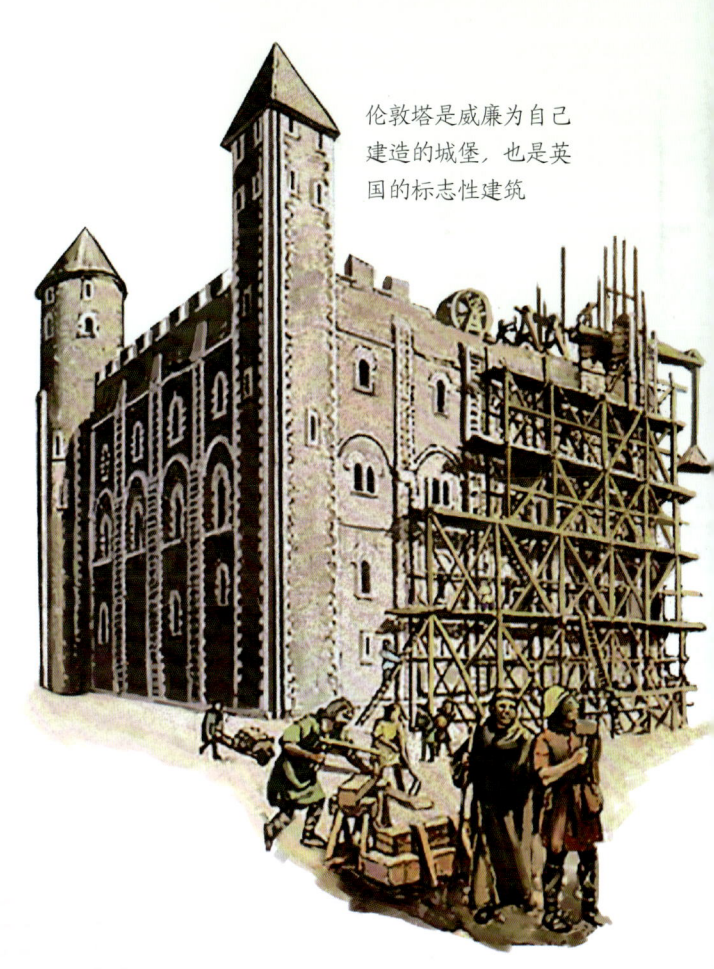

伦敦塔是威廉为自己建造的城堡，也是英国的标志性建筑

83

第 42 章 耶路撒冷与"十字军"

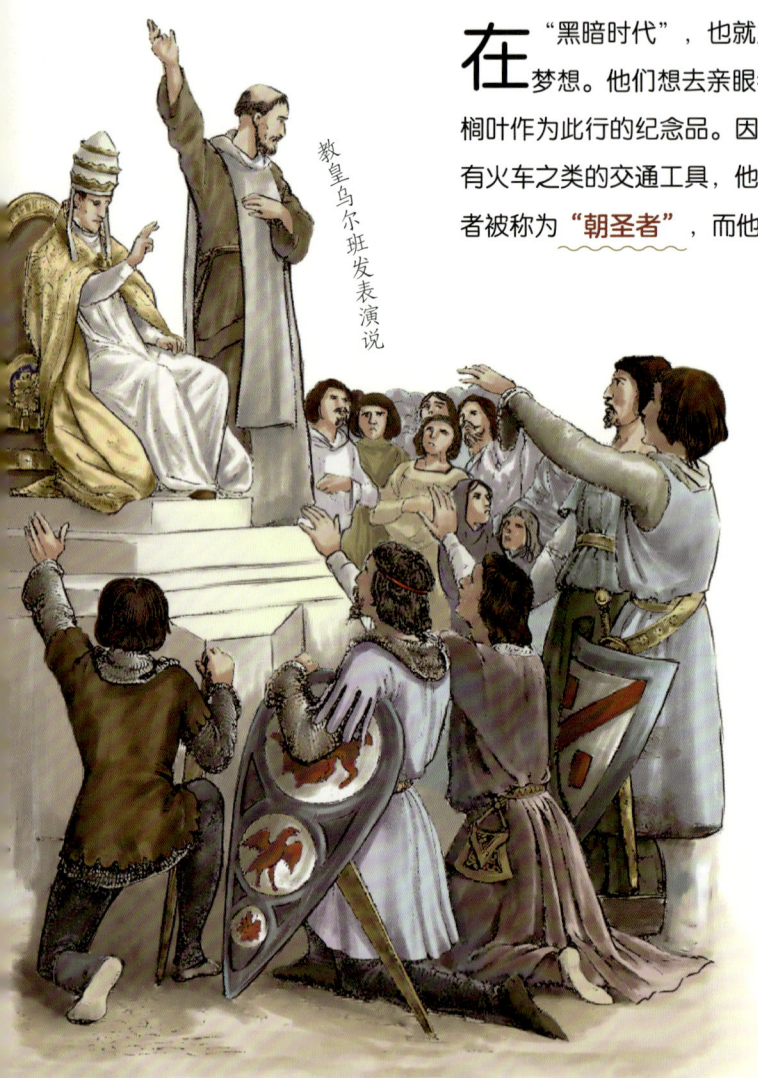

在"黑暗时代",也就是中世纪时期,"前往耶路撒冷"是欧洲各地基督徒的梦想。他们想去亲眼看看耶稣受难的地点,在耶稣墓前祷告,并带回一片棕榈叶作为此行的纪念品。因此,总有虔诚的基督徒要"前往耶路撒冷"。那时候没有火车之类的交通工具,他们只能步行去,往往要走几个月甚至几年。这样的旅行者被称为"**朝圣者**",而他们的旅途则被称为"**朝圣之旅**"。

那时候,耶路撒冷属于奥斯曼帝国。那里的穆斯林不喜欢这些来瞻仰耶稣墓的基督徒朝圣者,对他们不太好。因此,有些朝圣者回去后逢人就讲穆斯林对他们是如何凶残,耶路撒冷的那些圣地也被糟蹋得不成样子。

在公元1100年前后,罗马一位名叫乌尔班的教皇听到了这些朝圣者反映的问题后大为震惊。他认为,耶路撒冷应该由基督徒来统治,而不是伊斯兰教徒。因此,乌尔班发表了一篇演说,鼓动各地虔诚的基督徒聚集起来,打败那些穆斯林,从他们手中夺回耶路撒冷。

教皇乌尔班发表演说

于是,没过多久,成千上万的人,就连小孩子都发誓要加入这样的队伍,把耶路撒冷夺回来。因为耶稣是死在十字架上的,所以准备出征的队伍把红布剪成"十"字的形状,缝在外衣上作为标志,说明他们是为十字架而战,由此他们被人们称为"**十字军**"。这些人中除了穷人,还有领主、贵族,甚至还有亲王和王子。队伍中除了有徒步行军的人,还有大批骑马的人。

他们原定在1096年的夏天出发，但是，有很多人太心急了，等不到约定的时间，于是推举一名叫彼得的隐修士和一个绰号叫"穷光蛋沃尔特"的虔诚基督徒为领袖，他们率领先头部队出发了。然而，这些人根本不知道耶路撒冷有多远，也没有查看过地图，不知道路上吃什么、睡在哪儿，所以，成千上万的人因为疾病和饥饿死在路上。

后来，耶路撒冷的伊斯兰教徒听说"十字军"正在赶来，立刻前去迎战，几乎剿灭了先头部队。而此时，按照原定时间出发的"十字军"队伍还在路上。

终于，经过了将近4年的漫长行军，"十字军"到达了耶路撒冷城外，可他们只剩下了一小队人马。他们欣喜若狂，跪倒在地，泣不成声。随后，他们对耶路撒冷展开了猛烈的进攻，攻下了耶路撒冷。第一次"东征"就这样结束了。

不过，好景不长，穆斯林发起反攻，又把耶路撒冷夺了回去。

于是，基督教徒发动了第二次征战。在接下来的200年里，基督徒们发起了9次战争。有时候，他们把耶路撒冷夺回来一段时间；有时候，他们则一败涂地。跨度达200年的"东征"最终以失败告终。

"穷光蛋沃尔特"和隐修士彼得

85

第 43 章 西非的三个王国

中世纪时期，在欧洲的英国、法国逐渐兴盛的同时，西非也变得富强起来，有三个王国在历史上很有名，按时间顺序排列依次是加纳、马里和桑海，都位于撒哈拉沙漠的南部、尼日尔河沿岸。

西非这片区域非常富有，因为那里有许多金矿。在黄金交易中，发生了许多有趣的故事。在西非，人们必须要交易的一件物品就是盐。你知道这是为什么吗？因为西非的气候非常炎热，那时又没有冰箱，所以人们会用盐来保存食物。你吃过的牛肉干，就是先把肉晒干，然后用盐保存起来。人们现在有很多防止食物腐烂的方法，但在那个时候只能用盐。所以盐是很宝贵的，西非人甚至要用等重的金子来换盐——一磅金子换一磅盐！是的，当时的盐就是这么值钱。

西非的三个帝国，其财富都源于这片区域的金矿和盐矿

西非

城市　金矿
盐矿　农田

因为有金矿，西非的许多王国都很富有。最开始的时候，一个叫加纳的大国拥有训练有素的陆军、作战娴熟的骑兵和大量的黄金，所以加纳王国征服了周边的许多国家，国王的财富积累到非常惊人的地步。加纳国王的马都拴在一个60磅重的大金块上！但加纳王国后来还是衰落了，就像所有的帝国一样。

富有的加纳国王

马里是西非下一个富有、强盛的帝国。马里的国王松迪亚塔非常富有，也很聪明，每当军队占领了新的土地，他都会让士兵把土地改为农田来耕种。很快，马里就成了当时西非农业最发达的地区。也就是说，这个国家既盛产黄金又有充足的粮食，还有强大的军队作为保障。

马里最著名的国王是曼萨·穆萨，他的统治时期是在14世纪。他将帝国的版图向西延伸到大西洋，帝国内有将近800万人口。那些穆斯林商人，包括阿拉伯人和北非人，都来马里做生意。曼萨·穆萨是一名穆斯林，他曾去麦加朝圣，返回家乡时，带回了一些艺术家、建筑师、学者和许多书籍，慢慢把马里的中心城市廷巴克图发展成一个著名的学术中心。

廷巴克图是贸易和学术中心，也是伊斯兰文化向欧洲传播的中心，其建筑也带有伊斯兰风格

桑海国王桑尼·阿里·贝尔四处征战，使桑海成为非洲历史上最大的文明古国

在曼萨·穆萨死后，马里帝国开始分裂。不久，第三个重要的帝国——桑海在尼日尔河流域强盛起来。桑海的国王桑尼·阿里·贝尔不断向外扩张，直到桑海帝国比马里曾经的版图还要大。贝尔国王死于1492年，也就是哥伦布动身前往美洲的那一年。在那之后，由于外来入侵者的攻击，桑海逐渐衰落。这些入侵者开始是北非的摩洛哥人，后来，一直沿着非洲海岸航行和经商的葡萄牙人也加入其中。桑海的国王逐渐失去了权力和财富。帝国经历了1000多年的风光之后，陆续分裂成很多小国。

第 44 章 石头和玻璃做的《圣经》

中世纪的人们每天都会去教堂，教堂对他们而言非常重要

在中世纪，人们通常每天都去教堂。他们去教堂做礼拜、祈祷；或向神父倾吐苦恼，从他那里得到忠告；也会去为圣母玛利亚点蜡烛；或单纯去和朋友聊聊天。

在"十字军"宗教战争期间和之后的时期，人们考虑的主要事情就是他们的教堂。当时差不多所有欧洲人都是基督徒，每个人都会去教堂，人们自然愿意付出金钱、时间和劳动，尽可能地把教堂建得最好。因此，那时法国和欧洲的其他地区建了很多华丽的大教堂。它们至今仍坐落在那里，非常漂亮，人们还会不远万里前去参观。

你知道什么叫大教堂吗？大教堂不仅仅是面积特别大，它还是主教的教堂。在大教堂的圣坛上，有一个专为主教而设的特殊座椅，所以大教堂也被称为"主教座堂"。

中世纪的教堂与古代希腊和罗马的神庙完全不同，实际上，它们和以前的任何建筑都不同。

用积木搭房子的时候，你可能想过把两块积木靠在一起形成屋顶，就像字母A的两边一样。欧洲的这些教堂差不多就是用这种方式建造的，人们把石头做的尖拱顶盖在直立着的石柱上面。为了防止尖拱把直立的石柱碰倒，盖房子的人又搭了很多支架和支柱。这些支架和支柱也是用石头做的，被称为"飞扶壁"。

意大利人认为这样盖房子是很不合理的，他们觉得这种建筑物肯定不稳固，很容易倒塌。由于476年征服意大利的是哥特人，而哥特人非常野蛮无知，因此，人们就把任何粗野、愚昧的事物都叫作"哥特式的"。这类建筑也被他们称为"哥特式建筑"，虽然它和哥特人没有任何关系——哥特人在那个时代早就灭绝了。

从描述来看，你可能也认为这种由飞扶壁支撑的建筑一定摇摇欲坠、丑陋不堪吧？不是的，它们非常坚固，那些宏伟、华丽的建筑到今天都完好无损，我们现在仍然能欣赏到这些美丽而壮观的建筑。

从哥特式教堂的上空俯视，它的形状就像一个十字架

88

在建造哥特式教堂之前，先要在地上画一个巨大的十字架，十字架的头必须朝着东方，因为东方是耶路撒冷的方向。教堂就是按照这个十字形的设计来建造的，所以，在建成后从高处俯瞰教堂，它的形状就像是一个十字架，而圣坛所在的那一边总是朝向东方。

哥特式教堂都有美丽的尖顶，寓意着指向天空的手指。门和窗户的顶部也是尖的，就像人们祷告时交握的双手。

圣帕特里克大教堂

哥特式教堂几乎每一面都有大窗户，这些窗户是用许多小块的彩色玻璃做成的，上面有美丽的图案。当阳光照到彩色玻璃上面时，它们鲜艳的颜色就像宝石那样耀眼夺目。这些玻璃上的图案讲述了《圣经》中的故事，就像书本里的彩色插画一样。所以，不识字的人（当时识字的人非常少）看到这些美丽的图案，就能了解《圣经》里的故事。

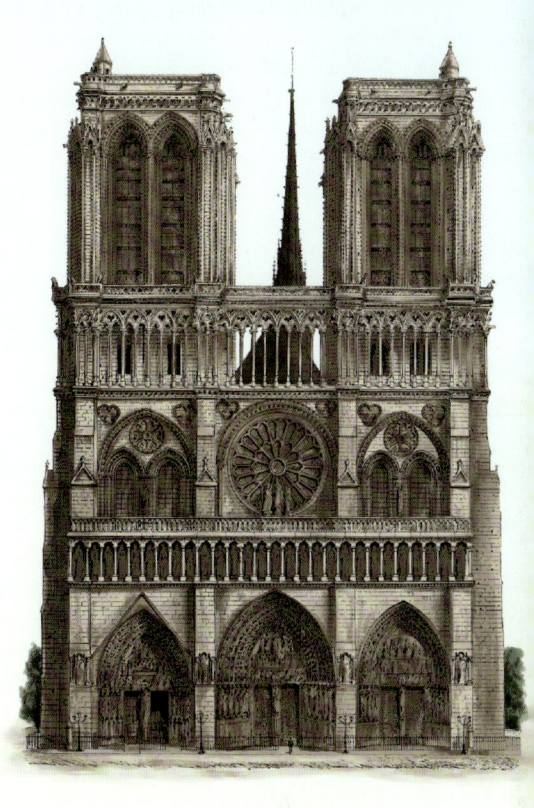

巴黎圣母院大教堂

教堂的石柱和石壁上还雕刻着圣徒、天使和《圣经》里面人物的肖像。这些石像和美丽的玻璃相呼应，使得整个教堂看起来就像是用石头和玻璃做成的《圣经》。

没有人知道这些哥特式教堂的建造者是谁，也没有人知道雕刻者或画家是谁。这是属于每一个人的教堂，几乎所有人都为修教堂出了力。有些教堂花了几百年的时间才建成，当初开工时的那些工匠，都没能活着看到教堂完工。其中，最著名的大教堂有：英国的坎特伯雷大教堂，法国的巴黎圣母院大教堂、沙特尔大教堂，德国的科隆大教堂。建造科隆大教堂用时最久，从它开始动工，一直过了近700年还没有彻底完成！如今的人们，已经不会用那么多的时间、金钱来建造这样的教堂了。

这就是哥特式教堂的故事，记住，它和哥特人一点儿关系都没有哦。

教堂的窗户是彩色玻璃做的，上面的画讲述了《圣经》中的故事

89

第 45 章 很会讲故事的人

在遥远的东方，有一个国家叫作中国。你还记得吗，前面讲过，中国离欧洲非常远，它的文明是相对独立发展起来的，千百年间，欧洲人对这片土地和土地上的人们都知之甚少。

大约在 **13世纪**，也就是1200—1300年，一个叫蒙古的民族统治了中国。蒙古人的领袖是一位非常骁勇的战士，名叫**成吉思汗**。成吉思汗有一支骑兵部队，这些骑兵也都是精锐的战士。

成吉思汗

后来，成吉思汗的孙子**忽必烈**接管了这个庞大的帝国，把首都设在北京，当时叫"大都"。忽必烈建造了金碧辉煌的宫殿，周围都是美丽的园林，令人叹为观止。

当时，距离北京很远很远的意大利北部，有一座建在水上的城市。那里的街道都是水道，人们的交通工具都是船而不是马车，那座城市叫威尼斯。大约在**1260年**，威尼斯城里住着一对姓波罗的兄弟，他们热爱探险，他们一直朝着东方行进，几年之后，终于抵达了北京。

忽必烈接见波罗兄弟

忽必烈听说有几个从遥远国度而来的白人在他的宫殿外面，就很想见见他们。于是，他们被带到了忽必烈的面前，把家乡的种种事情述说给忽必烈听，这些都是忽必烈从未听过的。波罗兄弟很会讲故事，故事讲得生动有趣。他们在中国待了几年后，回到了故乡威尼斯。

波罗兄弟带着马可·波罗再次来到中国，并留了下来

1271年，波罗兄弟带着哥哥尼古拉10多岁的儿子**马可·波罗**，又一次来到了中国。忽必烈劝他们留下来，作为回报，他赏赐给他们很多珍贵的礼物，还请他们给自己做顾问和助手，协助自己治理国家。三人于是待了很多年，在这里学会了中国的语言，还成了中国的著名人物。

马可·波罗讲述他的东方之旅

在中国待了大约20年后，波罗家族的人觉得该回国去看看亲友了，于是他们又动身回到了威尼斯。后来，尼古拉的儿子马可·波罗把他们的东方之旅一五一十地讲给一个人听。这个人把这些事情记了下来，写成了一本书，叫《**马可·波罗游记**》。这本书即使在今天读起来也非常有趣。

91

第 46 章 历史上最长的战争

使用"长弓"的英国军队

在 1337年，英格兰的国王是爱德华三世。爱德华三世除了统治英国，还想统治法国。他的说辞是，他是法国前任国王的亲戚，比现任法国国王更有资格统治这个国家。于是，他发动了一场夺取法国的战争，这场战争持续了100多年，史称"百年战争"。同时，这场战争还是历史上时间最长的战争！

英国的军队乘船从英国出发，在法国登陆。第一场比较大的战役在 1346年 打响，战场在一个叫作 克雷西 的小地方。英国军队虽然都是步兵，但他们使用了一种叫作"长弓"的武器，这种弓射出的箭威力很大，完全压制住了法国的骑兵。另外，英国人在这场战争中首次使用了大炮，不过这些大炮的威力太弱了，射程也不远，仅仅是让法军的马匹受到了惊吓而已。但这却是一个开端，预示了不久以后骑士和封建主义的终结。

克雷西战役仅仅是百年战争的开始。这场战役结束以后，欧洲暴发了一场可怕的传染病，这种传染病的学名叫"淋巴腺鼠疫"，人们通常称它为"黑死病"。这场瘟疫传遍了整个欧洲大陆，所经之处无一人幸免，因它而丧生的人比任何一场战争死的人都要多。之所以叫"黑死病"，是因为患者全身会出现许多黑色的小点，得病后在几个小时或是一两天内必死无疑，任何药都没有效果，一旦感染就没有生还的希望。

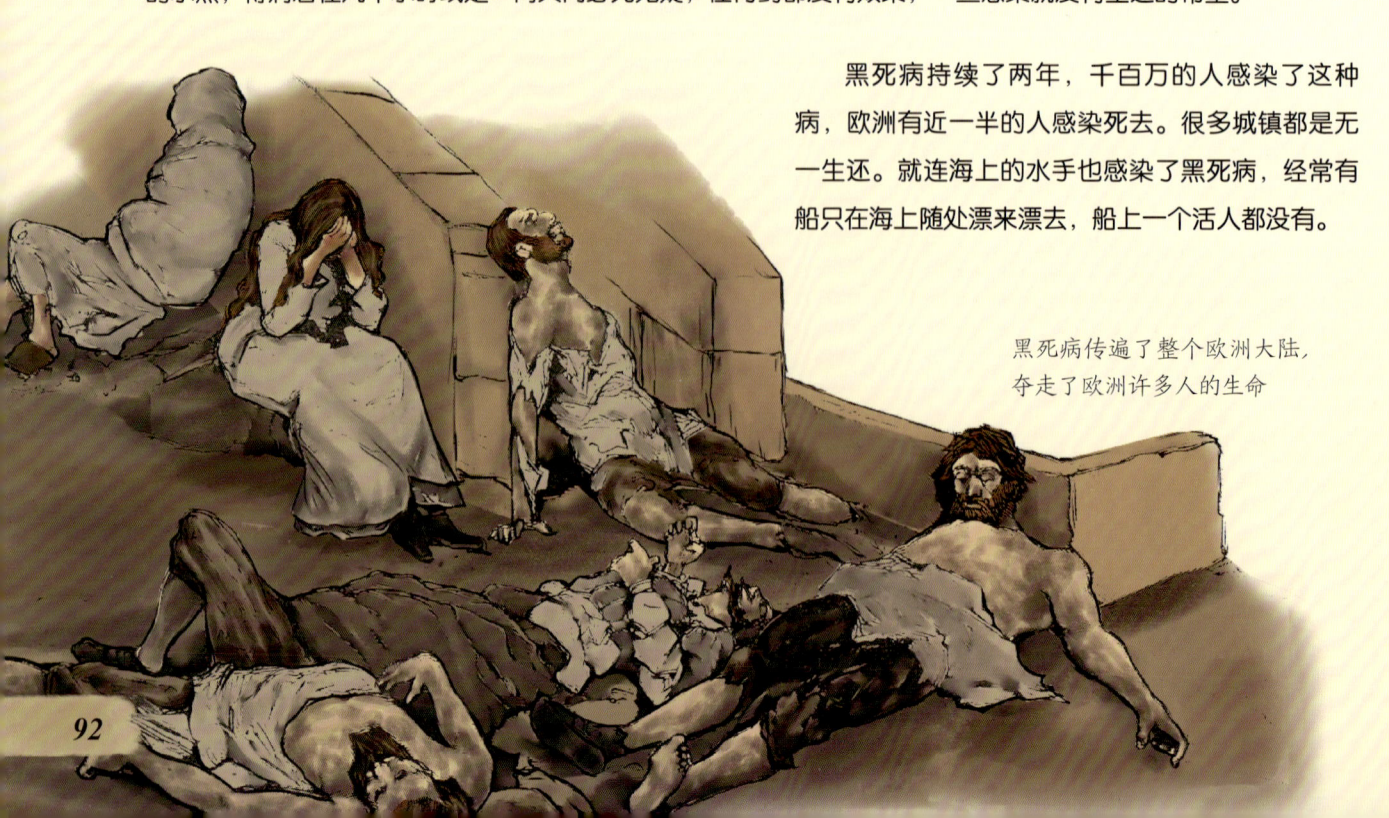

黑死病持续了两年，千百万的人感染了这种病，欧洲有近一半的人感染死去。很多城镇都是无一生还。就连海上的水手也感染了黑死病，经常有船只在海上随处漂来漂去，船上一个活人都没有。

黑死病传遍了整个欧洲大陆，夺走了欧洲许多人的生命

圣女贞德

此时，英法百年战争仍然没有停止。在克雷西战役中作战的士兵们死去了，他们的孩子长大、参战，然后死去；他们的孙子长大、参战，然后死去；他们的曾孙也重复了这样的命运。法国人几乎绝望了——他们仿佛永远都无法驱逐这些英国人。

当时，在法国的一个小村庄里，生活着一个贫穷的牧羊女，名叫贞德。她在照看羊群的时候，产生了奇妙的幻觉。她听见有个声音在告诉她，只有她才能率领法国军队作战，把法国从英国手中解救出来。于是，她找到了王子，在王子面前跪下来说："我是来带领您的军队走向胜利的。"王子把自己的旗帜和一副盔甲交给了她，贞德就在所有士兵面前骑上了马，并为王子戴上王冠。

法国的士兵们重新振作起来，认为是上帝派来了一位天使来领导他们。因此，他们浴血奋战、英勇万分，接连打了很多胜仗。

而英国人却认为贞德是个女巫，是魔鬼派来的，因此非常惧怕她。后来，他们俘虏了贞德，以异端和女巫的罪行判决了她，把她活活烧死在火刑柱上。

贞德虽然死了，但她似乎给法国人带来了好运。从那时开始，法国军队力量大增，最终把英国人从自己的土地上赶走了。在这100多年间，因战争而受伤、死亡的人不计其数，而英国也并没有从中捞到什么好处。

第47章 火药、指南针和印刷术——新旧世界的交替

在1300年之前，欧洲从未出现过枪、炮这类东西。战争中使用的都是弓箭、刀剑、长矛和其他冷兵器。枪、炮可以杀死数里之外的敌人，连高墙也能被完全摧毁，所以说，**火药**彻底改变了战争，使得战争变得更加可怕、更加残酷。

我们虽然不知道火药是如何传播到欧洲的，但可以确定，是中国人最早发明了火药。

攻打君士坦丁堡的时候，穆斯林使用了大炮

早在7世纪，伊斯兰教徒就曾经想要攻占君士坦丁堡，但失败了。在**1453年**的时候，穆斯林又一次进攻了君士坦丁堡。不过这一次，这些穆斯林是土耳其人，他们使用了火药和大炮。100多年前，人们曾在克雷西战役中使用过大炮，当时它并没派上什么用场，然而从那以后，大炮被不断改良，威力突飞猛进。君士坦丁堡的城墙挡不住这新发明的威力，最终沦陷了。君士坦丁堡落到土耳其人手中，意味着东罗马帝国的终结，而西罗马帝国早在476年就灭亡了。

君士坦丁堡陷落以后，人们开始陆续在战争中使用火药，城堡再也起不到任何防御作用了。身着盔甲的骑士和弓箭手也退出了历史舞台——他们无法适应这种新型的作战方式。因此，人们称1453年为中世纪的终结、现代历史的开端。

指南针的发明使人们在远航中不会迷失方向

火药使中世纪走到了尽头，而**印刷术**和**指南针**的发明则对现代历史的开启起到了巨大的作用。

指南针最早是中国人发明的，在马可·波罗回到故乡的同一时期，这种小"魔针"也在欧洲传开了。把这种"魔针"放到一根稻草上，或托住它的中间部分，无论怎样转动它，它都会永远指向北方。把这种"魔针"装进盒子里，就成了"指南针"（也称为罗盘）。

你可能不明白这样一个小东西有什么神奇之处，但事实上，它使"发现新大陆"成为可能。在指南针还没有被应用的时候，在大海中航行的水手一直没有办法航行到离海岸线太远的地方，因为他们担心自己看不到海岸线，可能会迷失在茫茫的大海中，找不到回去的路。

但是有了指南针，水手们即使在雷雨交加、乌云密布的天气里也能继续远航，并不会迷失方向。他们只要按照盒子里指南针所指示的方向走就行了。当然，水手们并不总是要去北方，但知道了北方，其他方位就很容易辨别了：南方就是相反的方向，东方在北方的右边，西方就在左边。他们要做的就是掌好舵，让船沿着目的地的方向航行。

在这一章之前，欧洲从来没有出现过一本印刷的书籍。那时没有报纸、没有杂志，所有的书都必须用手抄写。这样的书做出来自然非常慢，而且非常昂贵。那时候，如果哪个教堂有一本《圣经》，那可是珍贵得不得了，为了防止被偷，得用链条把它锁起来。想想看，居然有人会去偷一本《圣经》！

用链条锁起来的手抄本《圣经》

前面讲过，中国人最先发明了印刷术，但在早期，这种印刷方式并没有流行起来。直到后来，人们才开始使用这种方法印制书本。印刷的过程是这样的：首先，把木制的字模（也叫活字）按照顺序排放在一起，然后在上面涂满墨水，最后把纸压在涂有墨水的活字上，一页副本就制作完成了。只要活字被这样组合好了，很快就能轻松地印出几千份的副本。之后，人们又可以把这些排列好的字拆开，重新组合，再印制下一页。这种印刷方式就是活字印刷。

欧洲人普遍认为，在**1450年前后**，一个名叫**古登堡**的德国人制作了第一本印刷书——《圣经》，因此，欧洲人称他为西方活字印刷术的发明者。不过，这本书不是用英文印刷的，也不是用德文印刷的，而是用拉丁文印刷出来的。

在此之前，很少有人会识字，即使是国王或者王子也不会。因为没有书供他们学习，就算学会识字也无书可读。所以，学会识字又有什么用呢？

印刷术发明后，一切都改变了。故事书、教科书，各式各样的书都可以大规模生产，而且更加便宜。知识的传播变得更为迅速和深入，极大地加快了世界前进的脚步。

古登堡印刷机

95

第 48 章 一个发现"新"大陆的水手

哥伦布从小就梦想着去航海

在世界上最早印刷出来的一些书中，当时的男孩们最喜欢的一本就是前面提过的《马可·波罗游记》。

这本书讲述了遥远的东方国度，还有风土人情、政治事件等，这让许多人都向往不已，有个叫<u>克里斯托弗·哥伦布</u>的男孩就是其中之一。哥伦布出生在热那亚城，它在意大利的北部，也就是"靴子"的顶上，是个海港城市。哥伦布从小就听到码头上的水手们讲述他们旅行中的奇闻逸事，因此他最大的志向就是去航海，到所有读过的、听过的奇妙地方见识一番。后来，他在14岁的时候开始了人生中第一次航行。之后，他又多次出海，但他从没去过《马可·波罗游记》中讲述的国家。

那个时候，航海家们都在想方设法找一条离印度最近的航路，因为马可·波罗走过的那条路实在是太长了。他们相信海路一定是更近的，既然手中有了指南针，他们就敢于寻找这样的海路。

当时，印刷出来的书也有很多了。有些书里写着：地球不是平的，而是圆的。哥伦布读了这些书之后心想，如果地球真是圆的，那么虽然印度在他们的东边，但一直向西航行的话，也能到达印度。他越想越觉得可行，虽然所有人都嘲笑他这个想法很愚蠢，他还是想弄条船来验证一下，可他并没有足够的钱。

于是，哥伦布去了葡萄牙。当时的葡萄牙国王对发现新大陆非常感兴趣，不过，和其他人一样，这位国王也觉得哥伦布是个傻瓜，不愿意搭理他。

在葡萄牙碰壁的哥伦布又去了西班牙，当时西班牙由国王斐迪南和王后伊莎贝拉统治。伊莎贝拉王后对哥伦布的想法产生了极大的兴趣，在她的帮助下，哥伦布买了三条船，分别命名为"尼娜号""平塔号"和"圣玛利亚号"。

一切准备就绪，哥伦布带领着大约100名水手，从西班牙的帕洛斯海港出发了。他朝着日落的方向航行，小船顺利驶入了大西洋，又驶过了加那利群岛，然后日夜兼程，始终朝着同一个方向前进。

哥伦布的三条船，分别是"尼娜号""平塔号"和"圣玛利亚号"

经历了两个多月的海上航行，哥伦布终于踏上了美洲的土地

出发一个多月后，哥伦布的水手们开始烦躁起来。大海这么无边无际，前后左右都是水，其余的什么都看不到。他们担心继续航行下去，就再也回不了家了。哥伦布和他们争论，但是没有用。最后，他答应他们，如果再过几天还看不到陆地就回去。水手们甚至开始密谋除掉哥伦布后返航。

然而，就在除了哥伦布以外的所有人都放弃希望的时候，一个水手看见海面上漂浮着一段树枝，树枝上还长着浆果。接着，他们又看到了空中飞翔的鸟——鸟儿从来不会飞得离岸边太远。终于，在起航两个多月后，在1492年10月12日的早晨，三条小船靠岸了。哥伦布从船上跳下来，他升起了西班牙的国旗，以西班牙的名义占领了这块土地，称它为"圣萨尔瓦多"。

当时，哥伦布以为这块土地是印度或附近的印度群岛。我们现在知道，因为北美洲和南美洲挡住了他前往印度的去路，他只是踏上了美洲海岸边的一个小岛而已。他以为这个岛上的居民肯定是印度人，就称他们为印第安人（Indian），他们至今仍叫这个名字。

哥伦布又到了附近的其他岛屿上，但是，他并没有发现马可·波罗描述的那些奇观。于是他决定按原路返回西班牙，还带了几个印第安人和一些烟草一起上路。在那之前，欧洲人从来没有见过或听说过烟草。

当他安全返回家乡的时候，人们听说了他的发现后欣喜若狂。在那之后，哥伦布又进行了三次航行，都到达了美洲。但是，他始终不知道，他发现的是一块"新"大陆。哥伦布曾在南美洲大陆登陆过一次，但是他从未登陆过北美洲大陆。

然而遗憾的是，因为哥伦布没有带回西班牙人期待的奇珍异宝，人们渐渐对他失去了兴趣。有人对他的成就又妒又恨，就污蔑他做了坏事，让他戴上镣铐，被遣返回老家。这位航海人物最终死在西班牙的时候，孤苦伶仃，甚至连朋友们都把他遗忘了。

第 49 章 寻宝的探险家们

在哥伦布之后，有个名叫**亚美利哥·韦斯普奇**（Amerigo Vespucci）的意大利人乘船航行到了"新"大陆的南部。随后，他写了一本游记，记录了自己的经历。人们读到他的书，就把他描述的这块"新"陆地说成"亚美利哥的土地"，这样，"新"大陆就开始以亚美利哥的名字命名为**美洲**（Americas）。平心而论，这块土地应该以哥伦布的名字命名。不过，美洲人并没有忘记哥伦布，很多人称自己的国家为哥伦比亚，许多城市、小镇、地区和街道都叫作哥伦布或哥伦比亚，甚至他们歌颂祖国时唱的也是哥伦比亚呢。

哥伦布让人们知道在遥远的西方确实有陆地，不存在从"世界的尽头"掉下去的危险。在那之后，人们纷纷按照哥伦布出海的方向航行，去寻找新的土地，也有了很多新的发现。所以历史上把这个时期称为**"发现时代"**，又叫**"大航海时代"**。这些人多数都想去印度，他们是奔着黄金、宝石和香料去的，他们以为这些宝藏在印度到处都是，想要多少就能拿到多少。

你也许会觉得奇怪，黄金和宝石还可以理解，丁香、胡椒这些香料又有什么用呢？那是因为在那个时代，人们没有冰箱，肉类和其他食物容易变质，变质的食物就不能再吃了。但是，当时的人会在食物变质之后撒上香料，把难闻的味道掩盖之后再吃。欧洲不产香料，因此欧洲人要花大价钱来购买，这就是他们远渡重洋寻找香料的原因。

有一个名叫**瓦斯科·达·伽马**的葡萄牙水手也是去寻宝的人之一，他也想全程走水路去印度。不过他没有像哥伦布那样向西航行，而是南下绕过非洲。非洲的南端被称为"风暴角"，因为那里经常有大风暴而得名，后来人们为了图个好兆头，把它更名为**"好望角"**。

经常有大风暴的好望角

98

达·伽马在经历了无数的艰难困苦和惊险奇遇之后，终于绕过了好望角。随后，他继续前行，一直到达印度。他在那里得到了贵重的香料，然后安全返回家乡。那是在1497年，也就是哥伦布第一次航行之后的第五年。因此，达·伽马是第一个走海路到达印度的现代欧洲人。

在达·伽马到达印度的同一年，一个名叫约翰·卡波特的人从英国起航，开始了他的探险之旅。他最终到达了加拿大，还沿着海岸一路航行到了现在的美国。他宣称自己所到的这些陆地都归英国所有。

约翰·卡波特到达了加拿大和美国

还有一个名叫巴尔沃亚的西班牙人，他一直在美洲中部地区探险。后来，他来到了连接北美洲和南美洲的一小块狭长的陆地上，也就是现在的巴拿马地峡。

接下来这次航行是所有航行中路线最长的。一个名叫麦哲伦的葡萄牙人想找到一条穿过"新"大陆到达印度的路。葡萄牙政府拒绝资助他，而西班牙的国王给了他五条船，他就这样开始了穿越海洋的航行。

麦哲伦到达南美洲后，沿着海岸继续向南航行，想要找到穿过这块大陆的通道。在损失了一条船后，他到达了现在被称为"合恩角"的地方，经过那里危机四伏的海峡入口（这个海峡此后被命名为"麦哲伦海峡"）后继续航行。在这里，有一条船中途放弃，返回了西班牙。

剩下的三条船坚持前进并到达了大洋的另一端，麦哲伦把它命名为"太平洋"，意思是"平静"，因为这片大洋看上去平静无比。但是，这时候他们的食物和水开始短缺，水手们忍饥挨饿、苦不堪言，甚至连船上的老鼠都被吃光了。很多船员生病死去，但麦哲伦依然坚持航行。最后，他们到达了现在的菲律宾群岛。在那里，他们与当地人打了一仗，麦哲伦被杀死了。剩下的人不够驾驶三条船了，于是他们烧掉了一条船。

两条船继续前进，在航行的过程中有一条船迷路了，就此失踪，再也没有任何消息。只有一条船"维多利亚号"幸存下来。最终，这条破破烂烂、四处漏水的船，载着仅剩的18名船员，驶进了他们三年前出发的港口。这条已经没有麦哲伦的"维多利亚号"，成为世界上第一艘环球航行的船。这次航行永久地平息了持续多年的争论，那就是地球究竟是圆的还是平的，因为有一艘船真的环绕地球走了一圈！

第 50 章　迷人的土地：寻金和探险

关于"新"大陆的财富，有许多各式各样、不可思议的传闻，吸引着很多喜爱冒险的人前去探险，这些人期待着他们在"新"大陆发现的宝藏会使自己变得富有、智慧，甚至永葆青春。

在这些人中，有一个叫作庞塞·德莱昂的西班牙人，他发现了佛罗里达。但是，他和当地的印第安人发生了冲突，并因此丢了性命。还有个叫费尔南多·德索托的人，发现了"新"大陆最长的河流——密西西比河。后来，他在当地生病发烧，死后被同伴葬在了他发现的密西西比河里。

在"新"大陆的人们

美洲的中部现在叫作**墨西哥**，当时墨西哥的原住民是印第安人的一个分支，叫作**阿兹特克人**。阿兹特克人比其他印第安人的文明程度要高得多，他们建造了华丽的庙宇和宫殿，修建了和罗马人建的类似的道路和导水管道，还拥有大量的金银财宝。

一个叫**科尔特斯**的西班牙人被派去征服这些阿兹特克人。他在墨西哥海岸登陆，率领他的同伴们向阿兹特克的都城墨西哥城进军。阿兹特克人从来没见过马匹，也没见过枪炮，当西班牙人开炮射击时，他们惊恐万分，还以为那是西班牙人释放的雷电。

就这样，科尔特斯到达了建在湖心岛上的墨西哥城。因为阿兹特克人只有类似石器时代和青铜时代时期的武器，他们根本没办法和西班牙人的枪炮抗衡。

发现了密西西比河的费尔南多·德索托

科尔特斯利用火枪和大炮征服了阿兹特克人

阿兹特克人当时的首领叫**蒙特祖玛**，他希望和西班牙人交朋友，于是，科尔特斯给蒙特祖玛讲了关于基督教的事情，想让蒙特祖玛成为基督教徒。但是，蒙特祖玛认为自己信仰的众神和基督教的神一样好，不打算改变信仰。科尔特斯立刻把蒙特祖玛抓了起来，双方展开了激烈的战斗。最后，在火枪和大炮的帮助下，科尔特斯杀死了蒙特祖玛，占领了墨西哥。

在南美洲的**秘鲁**，还有一个文明程度较高的印第安人部落，被称为**印加人**，他们甚至比阿兹特克人还要富有。后来，一个名叫**皮萨罗**的西班牙人只带了几百人，就把这个国家攻占了。因为他有大炮，印加人当然抵挡不了大炮。

西班牙人发现的另一个部落是**玛雅人**部落。玛雅人生活在现在墨西哥和危地马拉的土地上。他们有一种文字，直到近代以后我们才逐渐能解读它，他们发明了一种历法，并修建了天文台来观测星象，他们还建造了很多高大的金字塔，这让我们想起古代埃及的金字塔。和印加人一样，玛雅人也被西班牙人的枪炮征服了。

阿兹特克人、印加人和玛雅人这三个部落现在还生活在地球上，你可以到中美洲和南美洲去参观他们修建的那些漂亮的建筑。

除了西班牙，法国和欧洲其他国家也派出了许多探险家来征服美洲的土地。有很多探险家虽然打着传播基督教的名义，但是他们毫不留情地残杀那些武器落后、无力反抗的当地人，就像海盗一样。

玛雅人创造了辉煌的玛雅文明

第 51 章 东非的海岸线

美洲并不是冒险家们唯一的选择，这些人为了寻求刺激和财富，去过很多地方。当西班牙人征服阿兹特克人、印加人和玛雅人的时候，葡萄牙人去了非洲。

早在哥伦布到达美洲之前，一些葡萄牙探险家就开始沿着西非海岸一直向南航行，他们经过了曾经的曼萨·穆萨帝国境内的塞内加尔河河口，到达过贝宁城和刚果，最远甚至到达过非洲的最南端。但是，他们并没有继续航行，而是掉转船头，往回航行了。

在哥伦布从西班牙出发5年之后，瓦斯科·达·伽马也从葡萄牙出发了。这次他成功地绕过了非洲的最南端进入印度洋，然后沿着非洲东海岸向北航行。沿着东非的海岸线航行的时候，他发现了一些奇妙的城市。他以为没人知道，实际上，有些欧洲人早就知道这些城市了。希腊人、罗马人和埃及人都知道通往东非的路。

在早期游历东非的旅行者中，最著名的是一个来自北非城市丹吉尔的穆斯林，名叫**伊本·白图泰**。事实上，他和马可·波罗大约生活在同一时代，也就是14世纪。

瓦斯科·达·伽马

伊本·白图泰真的游遍了世界！他在20岁的时候就离家去穆斯林的圣城麦加朝圣，随后他在外面一直游历了25年。他去过俄罗斯南部、波斯、印度和印度尼西亚。和马可·波罗一样，他还不远万里到了中国。

他曾去过一个十分有趣的地方——东非。在他那个时代，东非的贸易小镇渐渐发展为城市。这些城市就像早期希腊的城邦国家一样，相对独立。每个城市都有自己的统治者，周围环绕着乡村。现在，你依然可以到东非的这些城市去游览，比如摩加迪沙、马林迪、蒙巴萨和基尔瓦等。

伊本·白图泰

这些城市全都有港口，阿拉伯、波斯、印度的船队都会停靠在这里，偶尔还有庞大的中国船队。当地人用香料、铁器和象牙来交换丝绸、玻璃器皿和各种工具。有一次，榜葛剌国王霭牙思丁还给中国皇帝送了一份厚礼。你能猜出他送了什么吗？猜一猜哪样东西是中国没有的，可以给富有而强大的中国皇帝一个惊喜呢？猜到了吗？这件礼物就是——一头长颈鹿！

这当然是中国没有的东西啦！

东非的很多城市，除了港口周围，大部分都没有大型的防御工事。因为他们之间不常打仗，不需要这些东西。然而，他们后来还是遭到了别国的攻击。还记得开头讲过的内容吗？没错，这个国家就是葡萄牙。葡萄牙人发现非洲不仅有黄金，东非还与印度、中国之间都有贸易往来，这正是他们所向往的。

于是，葡萄牙人用船只运来了火枪、大炮。哪个城市不肯屈服，他们就开炮攻击。蒙巴萨被彻底毁掉了，城里所有的居民都被杀害了。

明朝官员会见榜葛剌使者，并接收了一头献给皇帝的长颈鹿

东非人知道他们抵挡不了这些坚船利炮，因此用了另一种办法赶走葡萄牙人。他们停止了黄金贸易，矿工不再开采金矿，商人也不再运送金子。渐渐地，港口都关闭了，城市里的人们都迁移到周边的乡村，成了农民。葡萄牙人并不想要农场，于是他们对东非失去了兴趣，仅仅保留了几个港口，用来为他们前往印度和东方时补充燃料和供给品。

103

第 52 章 文艺复兴时代

接下来要讲的这个时代，是一个"重生"的时期，人们把它叫作"**文艺复兴时代**"。

你还记得前面讲过的伯里克利时代吗？在 15 世纪，航海家们正在探险的时候，有很多伟大的、世界知名的艺术家，正安心地在意大利生活和工作。

建筑师们建造了美丽的房屋，有些像古希腊和古罗马的神庙；雕刻家们制作的雕像几乎和菲狄亚斯（古希腊著名雕刻家）的雅典娜雕像一样美丽；在印刷术的帮助下，人人都能读到古希腊作家的作品。这一切看上去就像是伯里克利时代的雅典人又活过来一样，这就是人们把这个时代称为"文艺复兴时代"的原因。

米开朗琪罗是文艺复兴时期伟大的艺术家之一。他不仅仅是个画家，还是雕刻家、建筑师和诗人。他对待创作非常认真，认为花几年的时间去雕刻一尊雕像或画一幅画是再正常不过的事。因此，他的每件艺术品都是不朽的佳作，直到现在，人们还从世界各地前来欣赏他的作品。

米开朗琪罗

现在的雕刻家们往往是这样工作的：先用黏土做一个雕像的模型，然后按照这个模型来雕刻。但是米开朗琪罗并不这样，他完全不需要模型，可以直接在石头上雕刻。就好像他能够看到石头里藏着一个那样的形象，只要把包裹着形象的石头凿掉就行了。

曾经有块很大的大理石被另一个雕刻家刻坏了，但米开朗琪罗却好像在"里面"看到了大卫的身影，于是，他立刻动手，雕刻"出来"了这个少年英雄。

他还雕刻了一尊摩西的塑像，现在它还在罗马的教堂里陈列着。如果你去那里参观，会发现它看起来那么栩栩如生，就像是真正的先知摩西在你面前一样。

西斯廷教堂的拱顶也是米开朗琪罗画的。他住在西斯廷教堂里面，没日没夜地工作，几乎从未离开，一共花了四年多的时间，才完成了这部作品。今天，世界各地的人们都赶来欣赏这块天花板。不过，要想舒舒服服地欣赏，只能躺在地上或者通过镜子的反射来看才行。

摩西像是米开朗琪罗最满意的作品之一

《西斯廷圣母》

拉斐尔创作的《椅中圣母》是情急之下在垃圾桶的圆盖上画的

　　拉斐尔是另一位著名的意大利艺术家，他和米开朗琪罗生活在同一时期。拉斐尔画了很多美丽的画，其中最著名的一幅是《雅典学院》。他还画了很多圣母玛利亚和圣婴耶稣的画像，这些画像被称作"圣母像"。圣母像中最有名的一幅是《西斯廷圣母》，画的是玛利亚抱着儿时的基督，这幅画被人们认为是世界上最伟大的12幅画作之一。

　　拉斐尔去世的时候很年轻，但由于他非常勤勉，因此留下了大量的画作。人们都说，米开朗琪罗的画作强壮有力，就像人们期望中的男人一样；而拉斐尔的画作秀美而优雅，更像人们期望中的女人。

　　列奥纳多·达·芬奇也是生活在这个时代的一位伟大的艺术家，他可是个"万事通"，在每个领域都很擅长：他既是艺术家，又是工程师，还是诗人，同时又是科学家。因为他同时要做许多事情，所以他只画了很少的几幅画，但这仅有的几幅都是精品。其中一幅是《最后的晚餐》，这幅画和《西斯廷圣母》一样，被认为是世界上最伟大的12幅画作之一。

　　在达·芬奇的画作中，女人通常是面带微笑的。他最著名的画作是《蒙娜丽莎》，画中女人脸上的微笑被称作"谜一样的微笑"。你很难看出她是在"对着"你微笑，还是在"和你一起"微笑。

《蒙娜丽莎》是达·芬奇最著名的画作

105

第53章 基督教徒的争端

在这一章前，西欧都只有一个基督教派——**天主教**。那时，教皇是整个基督教会的首脑，不管是意大利、西班牙还是英国的基督徒都要听从他的旨意。

但是，到了**16世纪**，开始有人认为，天主教应该变革。而另一些人则认为，一切照旧就很好。于是，一场争端就开始了。

争端的起因是这样的：教皇要在罗马建一座大教堂，打算建在当初君士坦丁修老教堂的位置。为了凑齐大理石等石材以及其他盖教堂要用的材料，教皇做了在他之前的教皇都做过的事，那就是拆毁罗马的一些建筑，用取下来的石料来建新教堂。

除此之外，教皇还需要一大笔钱来建这座教堂。为此，他开始向人们索要钱财。当时，德国有个叫**马丁·路德**的人，他认为这样是不对的。不仅仅是教皇向人们索要钱财这件事不对，天主教会的很多做法都是不对的。于是，他用纸列出了95件他认为天主教会做得不对的事情，并把这张单子钉在他所居住的城镇的大门上，而且他还极力劝说人们反对这些事情。

记录马丁·路德张贴《九十五条论纲》并烧掉教皇传令事件始末的石雕

教皇得知此事后，派人给路德送来了一道命令，但路德生了一堆火，当众把它给烧了。很多人支持路德，不久之后，就有一大批人脱离了天主教会，不再服从教皇。路德还把《圣经》翻译成了德语，这是《圣经》第一次有了拉丁语之外的版本。

这些反对教皇所作所为的人，被称为"**新教徒**"，直到今天，这次抗议之后形成的新教会仍被称为"**新教**"。人们把这个时期称为"**宗教改革**"时期，因为旧的宗教被"革新"了。

现在，天主教徒和新教徒可以和平相处，但在马丁·路德的那个时期，天主教徒和新教徒却是死敌。尽管他们都是基督徒，但他们都坚信自己这一方是正确的，而另一方是错的，双方展开了激烈、疯狂、残酷的斗争，即使是朋友、亲人之间也会互相残杀。

在当时，新教徒和天主教徒是不共戴天的死敌

106

当时英国的国王是**亨利八世**，他的姓是**都铎**。因为那时许多国王的名字都一样，所以要在他们的名字后标上数字，用来区分是哪一个亨利。亨利八世起初也是一位坚定的天主教徒，不过后来他想和他的王后离婚，因为王后没能替他生个儿子。当时只有教皇有权批准亨利离婚再娶，然而教皇告诉亨利，自己是不会批准他离婚的。

亨利认为，让别的国家的人——即使那个人是教皇——来规定英国能做什么、不能做什么，既没道理也不合适。他自己就是国王，不打算让外国人干涉他自己的事情。

于是，亨利八世宣布他本人是英国所有基督徒的领袖，英国的教会都要服从国王的命令，教皇再也管不着他们了。在那之后，他很快就和王后离婚了。

亨利八世脱离了教皇的统治

亨利八世和他的六个妻子

亨利八世后来又娶了五个妻子，加上第一个，一共是六个。当然，不是同时娶了五个，因为基督教徒同一时期内只能有一个妻子。第一任妻子与他离婚了，第二个被他砍了头，第三个病死了。有趣的是，后面三位妻子和前三位的情况一模一样：第四个也是离婚了，第五个被砍头了，第六个病死了——但亨利死在了她前面。

107

第 54 章 伊丽莎白一世

亨利八世有两个女儿，一个叫**玛丽**，另一个叫**伊丽莎白**，当然，她们也都姓都铎。亨利还有个儿子，可他没活多久就死掉了，于是，玛丽做了女王。

玛丽是个很坚定的天主教徒，又非常固执，她认为所有的新教徒都该死。她砍掉了很多人的脑袋，因此被称为"**血腥玛丽**"。玛丽嫁的丈夫也是像她一样强硬的天主教徒，他是当时西班牙的国王——**腓力二世**。腓力二世比玛丽还要凶残，他极力让那些新教徒认罪并放弃信仰新教。如果他们不这样做，就会遭受各种各样可怕的折磨，这被称为"**异端审判**"。

被判为异端的新教徒被烧死

当时荷兰是西班牙帝国的属地，很多荷兰人都是新教徒，因此遭受了不少迫害。有个荷兰人被称为"**沉默者威廉**"，因为他做得多、说得少。威廉看到自己的同胞被这样虐待，非常愤慨，他带头奋起反抗腓力二世，终于让荷兰脱离了西班牙的统治，成为独立的荷兰共和国。但是，"沉默者威廉"却被腓力二世派人暗杀了。

玛丽死后，妹妹伊丽莎白做了女王。伊丽莎白是亨利的三个孩子中最强大的，她长着一头红发，一辈子都没结婚，是有名的"**童贞女王**"。

伊丽莎白是新教徒，她对付天主教徒的手段和她姐姐、姐夫对付新教徒一样激烈、极端。她的姐夫西班牙国王腓力二世听说她严酷地迫害虔诚的天主教徒，非常生气。作为天主教的忠实拥护者，他决定惩罚伊丽莎白——他妻子的妹妹。于是，他集结了大批的精良船只，组成了一支大型舰队。西班牙人都很为这支舰队而自豪，这支舰队被称为"**无敌舰队**"，意思就是"打败天下无敌手"。

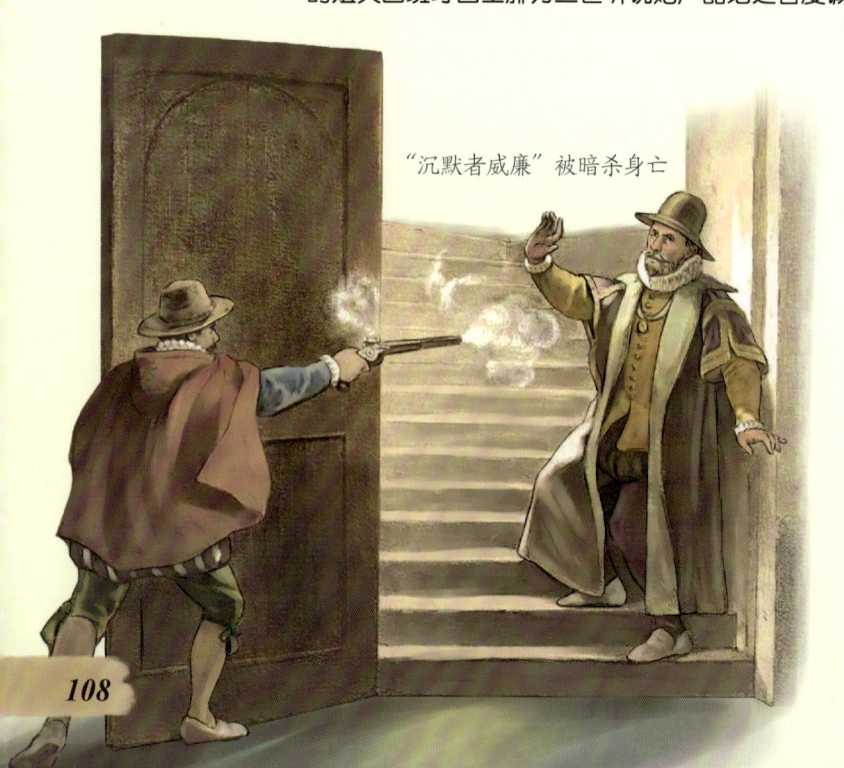

1588年，无敌舰队扬帆出发，所有舰船排成半月形，浩浩荡荡地驶向英国。然而，西班牙人没有料到，英国的舰船并不像常规海战那样和他们正面作战，而是绕过去从背后偷袭了他们。英国人用的都是小船，速度更快，也更容易操控。就这样，他们一艘一艘地摧毁、击沉了大型的西班牙舰船。

"沉默者威廉"被暗杀身亡

108

后来，英国人点燃了几艘旧船，让它们漂向西班牙人的船队。因为当时所有的船都是用木头造的，西班牙人看到"火船"摇摇晃晃地漂过来，都吓得惊慌失措。有些舰船逃跑了，还有些船想绕过苏格兰北部回西班牙。可是，西班牙人遇上了一场可怕的风暴，几乎全军覆没。不可一世的无敌舰队就这样完蛋了，西班牙的海上霸权也随之走到了尽头。从那以后，西班牙不再是昔日那个强大的国家。而英国的舰队，就是很久以前由阿尔弗雷德国王开创的那支海军舰队，成为世界上最强大的舰队之一。

在那个时代，人们都认为女人来治理国家不会比男人统治得好。但在女王伊丽莎白的统治下，英国反而成为欧洲的首席强国。她活到很大的年纪，也统治了英国很多年。在她统治时期，发生了很多重大的事件。

伊丽莎白有一个关系特殊的朋友，被称为 沃尔特·雷利爵士。雷利对美洲非常感兴趣，他认为应该在那片土地上做点儿什么，这样其他国家就不会超过英国了。于是，他召集了几批英国人，把他们送到一个叫罗阿诺克的小岛上，把那里当作殖民地。有些人忍受不了那里艰苦的生活，就乘船回到了英国。他们带回了一些烟草，那时，烟草对于多数英国人来说还是个新鲜玩意。当然，人们在当时并不知道，烟草其实是对身体有害的。

另外，在伊丽莎白统治期间，英国活跃着一位著名的剧作家——莎士比亚。

莎士比亚小时候非常顽劣，只在学校读过6年书。结婚几年后，他离开了他出生的小镇前往伦敦，在一家剧院找了一份工作。起初，有人要他帮忙改写一些别人写好的剧本，让剧情更精彩，他完成得非常好。后来，他就开始自己动手写剧本。他写的剧本太精彩了，空前绝后。

尽管莎士比亚13岁的时候就辍学了，但他好像了解天底下所有的事，不管是历史、法律还是医学。他几乎比任何一位作家使用的词汇都要多。他著名的作品有：《哈姆雷特》《威尼斯商人》《罗密欧与朱丽叶》《尤利乌斯·恺撒》。

莎士比亚死后被葬在他出生的那个小镇的一个乡村教堂里。他的墓碑上刻了一首诗，最后一行是"移我尸骨者必受诅咒"，所以，莎士比亚的尸骨从未被移动过，因为没人敢动它。

大剧作家莎士比亚

109

第 55 章 斯图亚特王朝的开端

伊丽莎白女王终身未婚，所以没有孩子继承她的王位。她是都铎家族最后一位成员。英国人没办法，只能另外寻找新国王，后来他们找上了苏格兰。

苏格兰在当时是一个独立的国家，当时的苏格兰国王名叫**詹姆斯·斯图亚特**。因为他和都铎家族有亲戚关系，所以英国人请他来做国王，也就是詹姆斯一世。詹姆斯和他的子女统治英国这段时期，我们称之为**斯图亚特王朝**。

外来国王詹姆斯·斯图亚特

斯图亚特王朝持续了大约100年。不过这期间有11年，英国是没有国王的。英国人一定为邀请詹姆斯做国王后悔了无数次，因为他和整个斯图亚特家族对英国人都非常过分，他们好像把自己当成造物主一样。

詹姆斯一世认为，国王做的一切都是正确的，上帝赋予了国王至高无上的权力，他可以对臣民们为所欲为，这就是"君权神授说"。英国人当然无法忍受这种事，坚决要求拥有自己的权利。虽然都铎家族以前也做过一些让人们不满意的事情，但都铎家族是英国人，而斯图亚特家族是苏格兰人，人们还是把他们当作外国人看待。这样，斗争就在所难免了。不过，真正的斗争是发生在詹姆斯下一任国王在位时。

在詹姆斯统治期间，英国国内没发生什么大事。但是，在其他国家，的确发生了不少重大事件，不过几乎都和这位国王没什么关系。

英国人在印度建立了殖民地，印度就是哥伦布试图向西航行到达的那个国家。这些殖民地逐渐扩大，到最后，整个印度都归属了英国。另外，英国人也在美洲建立了殖民地，这些殖民地也逐渐扩大，最终形成了今天美国的一大片地区，这片地区当时也属于英国。

英国在美洲的烟草农场

英国在美洲建立的殖民地，一个建在南美洲，另一个在北美洲。1607年，一艘满载着英国人的船在美洲弗吉尼亚登陆，船上的英国殖民者们希望能在这里找到黄金，发一笔大财。然而他们并没有发现黄金，为了生活，他们不得不开始种植烟草。在当时，英国人已经学会了抽烟。

种植的烟草为这些殖民者带来大笔收入，可以说，烟草就是另一种形式的金矿。可是，殖民地的英国绅士们自己并不愿意劳动。几年后，一些英国人从非洲运来了一些黑人，这些黑人被卖给殖民者做奴隶，为他们干粗活儿。这就是美洲**奴隶制度**的开端，这种奴隶制度不断发展，到最后，北美南部几乎所有工作都是奴隶做的。

显然，奴隶制是人类历史上一种黑暗、邪恶的制度，持续了好几百年，在它的背后，是人类的贪婪、残忍等种种罪恶。

美洲的奴隶制度持续了好几百年

不久之后，又有一些英国人离开英国前往美洲。不过，这些人并不是为了发财，而是为了找一个清静的地方，可以自由自在地礼拜上帝，因为在英国，他们的礼拜行为总是会被干涉。于是，在**1620年**，这些人从英国的普利茅斯出发，乘坐一艘叫"五月花号"的船，越过大洋，到达了今天美国的马萨诸塞州，在那里安顿下来。这块殖民地就是后来美国新英格兰地区的雏形。

现在，我们要再把目光转回英国了，詹姆斯·斯图亚特结束统治之后，英国发生了很多大事呢！

搭乘"五月花号"到达美洲的人们

第56章 被处死的国王

克伦威尔和他的"铁甲军"

英国的下一任国王名叫查理，是上一章讲过的詹姆斯一世的儿子，他和他父亲简直就像从一个模子里刻出来的。他也笃信"君权神授说"。也就是说，作为国王，他认为英国人民生来就是为他服务的，必须无条件服从他。

英国的人民忍不了了，于是选择起来斗争，并组建了一支议会军。相对地，国王也召集了一支军队，主要由贵族和领主们组成。这些人留着长长的鬈发，戴着宽边帽子，帽子上还插着一支长羽毛，衣领、袖口上都装饰着蕾丝花边，非常华丽。

议会军主要是由普通民众组成的，他们都为争取自己的权利而战。他们把头发剪短，戴着高帽子，穿着也很简朴。其中有一个名叫奥利弗·克伦威尔的乡村绅士训练了一批非常优秀的战士，这支军队被称为"铁甲军"。

国王的军队是一群酒囊饭袋，并不会打仗，所以在几次战役中都吃了败仗。最后，查理国王成了议会军的阶下囚。议会判决查理犯了叛国罪、谋杀罪，还有其他一些可怕的罪行。在1649年，人们把查理带到他在伦敦的宫殿前处死了他。

接下来的几年，议会军的总指挥官奥利弗·克伦威尔成了英国实质上的统治者，尽管他称呼自己为摄政官，而不是国王。克伦威尔为人正直、虔诚，管理国家非常严厉、认真，就像一位严父一样。他为英国做了很多好事。

大火中的伦敦城

克伦威尔死后，他的儿子接替他管理英国，就好像国王的儿子继承王位一样。但是，这个儿子心地虽好，能力却不足，几个月后就退位了。1660年，当英国人找不到一个合适的统治者时，他们居然请来了查理的儿子，要知道，查理的头可是被他们砍掉的啊。就这样，斯图亚特家族的人又一次当了国王，这个国王就是查理二世。

查理二世被称作"享乐国王"，因为他只喜欢吃喝玩乐。除此之外，为了替他父亲报仇，他用种种最残酷、最可怕的办法，杀死了很多参与处死他父亲的人。

查理二世统治期间，可怕的瘟疫又一次在伦敦暴发了。1666年，伦敦发生了一场大火，烧毁了数千间房屋和数百座教堂。不过，这场大火却彻底清除了疾病和污秽，阻止了瘟疫的蔓延，也是不幸中的万幸了。伦敦以前一直是用木头来造房子，此后重建就都用砖块和石头了。

威廉和玛丽接受《权利法案》，这就是"光荣革命"

最后，再来介绍一对斯图亚特家族的统治者夫妇——威廉和玛丽。在他们统治期间，人民和国王之间的矛盾终于彻底解决了。1689年，议会起草了一份协议，被称为《权利法案》，威廉和玛丽接受了它并签了字。这份协议确立了议会是国家的管理者。自此以后，议会成为英国真正的首脑，不再是国王说了算。因为在这个事件中没有发生战争，所以被认为是一件光荣的事，也因此被称为"光荣革命"。关于斯图亚特家族的故事，到这里可以告一段落了。

113

第 57 章 红帽子和红高跟鞋

红衣主教黎塞留

接下来要讲的两个国王都叫路易，他们分别是**路易十三**和**路易十四**。**17世纪**，斯图亚特家族统治英国的时候，路易十三和路易十四统治着法国。

路易十三只是名义上的国王，有人告诉他做什么，他就照着做。而真正掌握大权的是天主教会的一个重要的管理者，被称为"**红衣主教**"。红衣主教都会戴着红帽子、穿着红色的袍子，这位红衣主教名叫**黎塞留**。

现在，你可能一听到战争就厌烦了，但是在路易十三在位期间，又爆发了一场漫长的战争。这场战争打了三十年，因此被称为"**三十年战争**"。和绝大多数战争不同的是，这并不是国家之间的战争，而是新教徒和天主教徒之间的战争。

大多数欧洲国家都参与了这场战争，包括之前没提到过的一些欧洲国家，而德国是主战场。最后，新教徒占了上风，战争各方签订了一个著名的和平条约——**《威斯特伐利亚和约》**。这个和约承认，新教和天主教一样具有合法地位，每个国家的官方宗教应该由这个国家的统治者自己来决定，可以选择新教，也可以选择天主教。

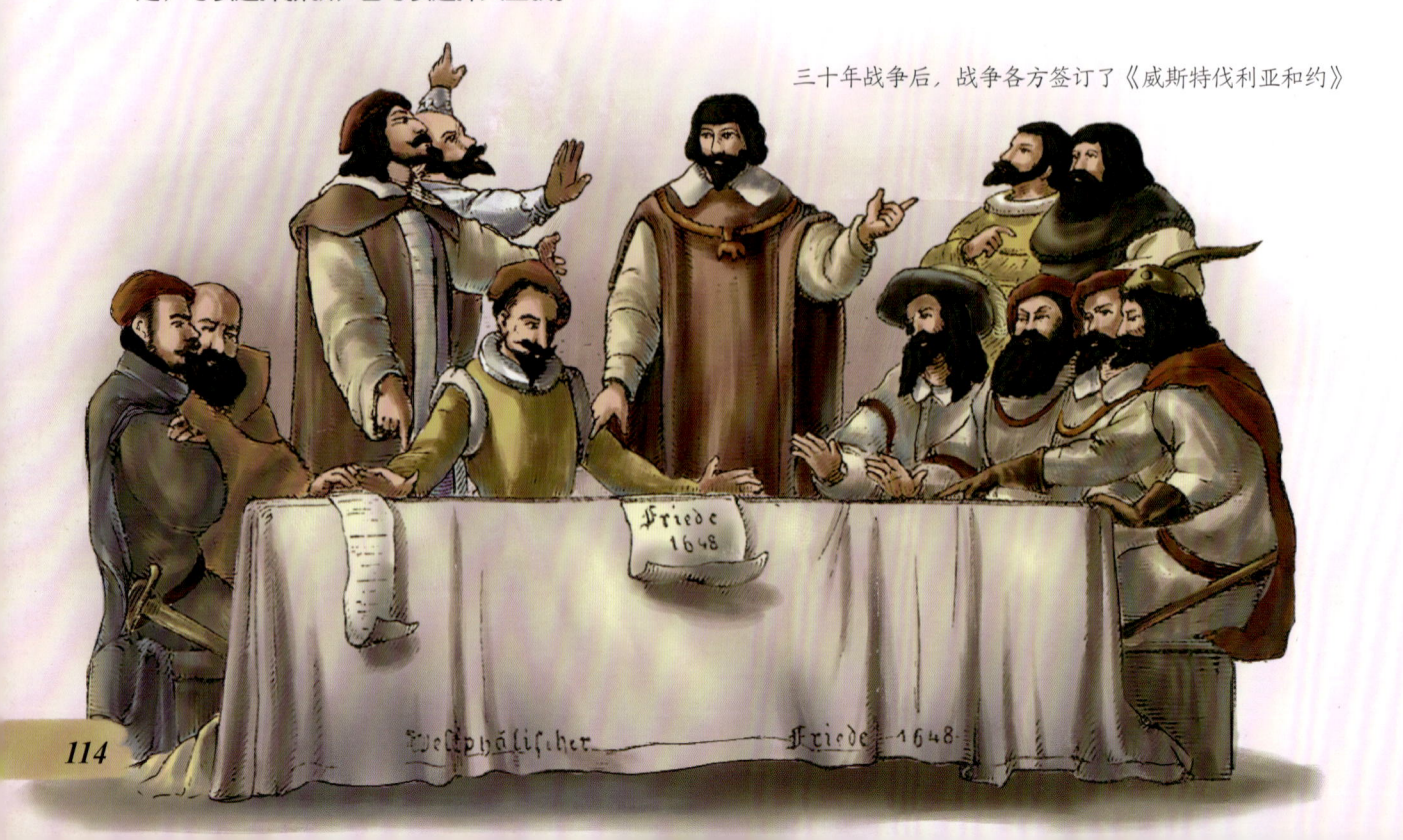

三十年战争后，战争各方签订了《威斯特伐利亚和约》

在路易十三和黎塞留之后，下一任法国国王是路易十四。路易十四在位70多年，是当时历史上在位时间最久的一位国王。

路易十四被称为"华丽君王"，因为他做的所有事都是为了炫耀。他喜欢昂首阔步地走路，好像自己是一出戏剧里的主角。他总是穿着紧身衣，戴着厚重的、扑满香粉的假发，脚踩红色的高跟鞋（好让自己显得高一点儿），手里拿着一根长权杖，胳膊肘向外突出，趾高气扬地走来走去。他认为这样做能让他显得高贵、威严、有气势。

听上去好像路易十四是一个没脑子的蠢人，可千万别这么想。虽然他的行为很滑稽，但他的确让法国成了欧洲的主要强国。他不断地和其他国家打仗，扩张自己的领土，就这样，法国接替了西班牙和英国，成为欧洲其他国家的领头羊。

路易十四喜欢戴假发、穿紧身衣、穿红色的高跟鞋，非常时尚

凡尔赛宫金碧辉煌，是世界五大宫殿之一

路易十四在凡尔赛建造了一座金碧辉煌的宫殿，里面有大理石的大厅、精美的壁画，还有许多面大镜子，当他路过的时候，可以从中看到自己的样子。宫殿周围是一个花园，花园里处处都有美丽的喷泉。这就是世界闻名的**凡尔赛宫**，到今天还有很多人去观光呢。

为了维持路易十四奢靡的生活，穷人们要上缴大量的财物。但人们不可能永远忍受这种事，我们很快就会知道后面发生了什么。用一句俗话来讲就是，"兔子急了还会咬人呢"！

第 58 章 一个自力更生的人

彼得在荷兰的造船厂工作了几个月，学会了造船的所有知识

在欧洲东北部和亚洲北部，有一个国家的面积差不多有美国的两倍大，它的名字叫**俄国**。在1700年之前，人们几乎没有听说过这个国家，因为虽然俄国是欧洲面积最大的国家，但人们生活得比较封闭，和其他的欧洲人没有往来。

在1700年前，一个名叫**彼得**的俄国王子出生了。彼得小时候非常怕水，为了战胜自己，他强迫自己去适应水。他每天都去水边，要么在水里玩，要么在水上划船。就这样，他终于克服了这种巨大的恐惧，还喜欢上了水和船。

彼得长大成人后，他最想做的事情就是让俄国成为欧洲的强国，因为在这之前，俄国从未强大过。虽然它面积辽阔，但并不富强，民众也贫穷无知。所以，他必须让自己先学会欧洲的先进文化。于是，彼得伪装成一个普通的工人，去了小国荷兰。他在荷兰的一个造船厂工作了几个月，学会了造船的所有知识，还学会了许多其他的技术，比如打铁、修鞋，甚至拔牙。

战败的彼得

然后他去了英国，每到一个地方，他都会尽可能地学习各种知识。最后，他带着自己所学到的知识回了国，开始着手改造俄国。

首先，彼得希望俄国能像其他国家一样，拥有一支自己的舰队。但是，要有舰队，必须要让他的船舰有可航行的水域，而当时俄国几乎没有临海的土地，也就是说没有港口。为了找到一个港口，彼得打算攻打邻国瑞典，从那里抢夺一块临海的土地。

一开始，彼得的军队被瑞典打败了，但彼得冷静地接受了自己的失败，只是说了一句："瑞典人很快就会教会俄国人该怎么打胜仗。"果然，后来俄国人真的打败了瑞典，得到了自己想要的土地。接下来，彼得就开始组建他筹备了多年的舰队。

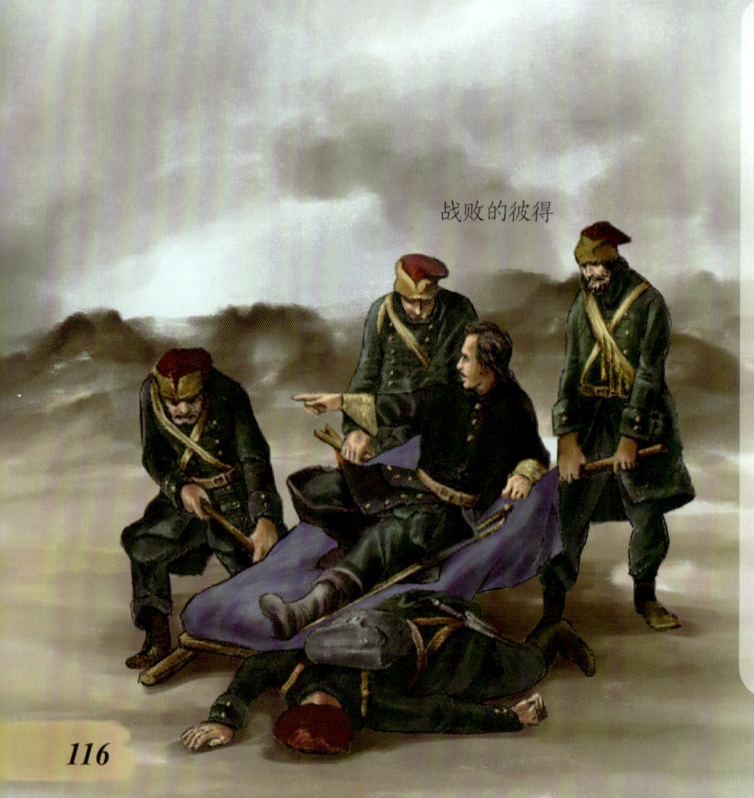

圣彼得堡是在填平的沼泽地上建造的

俄国的都城是 **莫斯科**，这是座美丽的城市，但它位于国家的中部，离海洋太远了，彼得想要一座在海边的城市来做都城。因此，他选了个地方，那里基本上就是一块沼泽地。彼得召集了30多万人把沼泽填平，并在上面建了一座漂亮的城市，这座城市被他命名为 **圣彼得堡**。圣彼得堡先后更名为彼得格勒、列宁格勒，现在它又被称为圣彼得堡了。彼得大帝之后，俄国的首都一直是在圣彼得堡，直到十月革命之后，才又迁回莫斯科。

彼得完善了法律，创办了学校，建造了工厂和医院，还教给人们数学知识，他把自己在欧洲发现的很多新事物引进到了俄国，慢慢地把俄国改造成了一个欧洲强国。所以，他被俄国人称为"彼得大帝"和"国父"。

彼得为自己找的王后不是高贵的公主，而是个出身卑微的农家女，她名叫 **凯瑟琳**，是个孤儿。彼得不顾其他人反对，坚持加冕她为王后，他们婚后的生活非常幸福。彼得死后，凯瑟琳接替他统治俄国。

彼得大帝和王后凯瑟琳

117

第59章 腓特烈大帝

腓特烈大帝

在俄国之后，要讲的这个国家是"普鲁士"。这是欧洲一个小国的名字，后来它成了德国的一部分。俄国是个大国，彼得大帝使它成为强国；普鲁士是个小国，但也有个国王使它强大了起来。这位国王名叫腓特烈，生活在18世纪，比彼得略晚，他也被称为"大帝"——腓特烈大帝。

腓特烈是个了不起的勇士，同时他还喜欢音乐和诗歌。腓特烈最大的愿望就是使他的国家成为欧洲强国，因为在他继位之前，普鲁士一直是一个无足轻重的小国。

此时，普鲁士的邻国是奥地利，由一个名叫玛丽亚·特蕾西亚的女人统治。腓特烈想把奥地利的一部分领土纳入自己国家的版图，于是他不管不顾，强行占领了那块土地。他可不在乎对方是不是个女人呢！这样，战争就打起来了。不久之后，几乎所有的欧洲国家都加入了这场战争，它们有的支持腓特烈，有的反对他。但是，腓特烈不仅拿到了他要抢的那块土地，还牢牢地把它掌握在手中。

玛丽亚·特蕾西亚并没有认输，她也想夺回那块土地。于是，她秘密地准备和腓特烈再次交战。然而，腓特烈得知了这件事，就向她发起了突然的袭击。第二次战争持续了七年之久，因此被称为"七年战争"。腓特烈不断地出兵，一仗接一仗地打，直到他彻底击垮了奥地利，也终于实现了自己的目标——使小国普鲁士一跃成为欧洲最强大的国家。玛丽亚·特蕾西亚其实也是一位了不起的女王，可惜她的对手实在太强大了。

奥地利女王玛丽亚·特蕾西亚检阅军队

在美洲的"七年战争"

说来也怪,"七年战争"不只在欧洲打,连遥远的美洲那边也打起来了。因为英国是支持腓特烈的,而法国和其他一些国家则反对腓特烈。所以,远在美洲的英国殖民者和法国殖民者开战了。当腓特烈在欧洲取得胜利的时候,在美洲的英国人也战胜了那里的法国人。因为英国人的获胜,导致现在美国人说的是英语,而不是法语。如果当初腓特烈失败了,在美洲的英国人也败给了法国人,那么可能现在美国人说的就是法语了。

腓特烈认为,只要能战胜其他国家,他完全不在乎采用什么样的手段。不过,他对待自己的臣民非常好,几乎是像对待自己的孩子一样,为他们做了一切能做的事,就像守着幼崽的狮子那样。即使全世界都反对他,他也不在乎。

腓特烈的王宫附近有一个磨坊,磨坊主是个贫穷的人。因为这破旧的磨坊离王宫太近了,实在不好看,腓特烈就想把它买下来,然后拆掉。然而,尽管他出了一大笔钱,磨坊主还是不肯卖。换作其他国王的话,肯定会直接侵占磨坊,说不定还会把磨坊主丢到监狱里去。但腓特烈大帝并没有这么做,他认为即使是最卑微的臣民也该有自己的权利。从那之后,他没有再打扰磨坊主。直到今天,那个磨坊还是和以前一样,坐落在王宫旁边。

腓特烈大帝对自己的子民非常爱护

119

第 60 章 美国摆脱了英王

你知道美国曾经有过一个国王吗？他的名字叫<u>乔治</u>，是英国的国王。

你还记得英国的斯图亚特王朝吧？他们统治了英国100多年。在1700年前后，斯图亚特家族没有后代，于是英国人必须再找一位国王。他们找到了一个王室的远亲，邀请他从德国到英国来做国王。是的，那个人名叫乔治，英国人叫他"乔治一世"。乔治一世的儿子是乔治二世，而他的孙子就是乔治三世。正是在乔治三世统治期间，美利坚合众国（美国）诞生了。

美国的诞生，源于一场革命。

美国是由两块殖民地——詹姆斯敦和普利茅斯发展而来的。最初在这里居住的人多数是英国人，归英国国王管理。后来，其他国家，如德国、荷兰、苏格兰和爱尔兰的人们也纷纷来到这里。再后来，非洲人被当作奴隶卖到这里干活，殖民地也越来越大了。英国国王管辖着这些人，要求这些人送钱给他，也就是所谓的"纳税"。

可是，殖民地的人虽然交了钱，但是却没有权利投票来决定这些钱该怎么花。于是他们认为，自己没必要再给英国的国王交税了。

一开始，北美人派人去英国和乔治三世谈判，想让英国国王在殖民地纳税的问题上转变态度。但是，乔治国王很固执，没有答应他们的请求。于是，北美人只好起来反抗。他们组建了一支军队，还找到了一个优秀的将军来率领这支军队。这位将军诚实、勇敢，有敏锐的头脑，又非常热爱自己的国家，他就是<u>乔治·华盛顿</u>。

人们拟定了《独立宣言》，56个北美代表签了字

北美人最初没有想要成立一个新的国家，他们只是想获得和英国公民同样的权利。但是他们很快发现，想得到那些权利，必须要从英国的统治下脱离出来，建立一个新的独立的国家。于是，在 <u>1776年</u>，一个名叫<u>托马斯·杰斐逊</u>的人起草了一份被称为<u>《独立宣言》</u>的文件。这份文件宣布，这些殖民地要脱离英国的统治，成为一个独立的国家。人们推举了56个北美代表在这份文件上签了字。不过，英国当然不会因为他们单方面签署了这份宣言就放弃这些殖民地，乔治三世立刻派遣军队来阻止殖民地独立。

一场战争就这样开始了。起初，华盛顿率领的军队与英军对抗得很艰难，他们缺吃少穿，连弹药都不够。有一个冬天，士兵们饥寒交迫，差一点儿撑不下去，在那期间，华盛顿一直在鼓舞士兵们的士气。最终他们还是坚持了下来，直到《独立宣言》发表的第二年，美军在纽约州的萨拉托加大败英军。从那以后，军心大振，法国国王也开始给殖民地的人们提供援助，好让这场战争能继续下去。

英国人眼看情势对自己越来越不利，就想和北美人讲和，同意给他们与英国公民同等的权利。然而此时已经太晚了，在战争初期，北美人可能会高高兴兴地接受这个条件，但是到了现在，他们一心只想从英国独立出来。因此，战争只好继续打下去。

当在北美洲南部海岸作战的英军也被击败之后，乔治国王终于同意讲和。于是，在 1783年，双方签署了和平协议。经过了8年的战争之后，这块殖民地脱离了英国的统治，正式被称为"美利坚合众国"（简称"美国"），而这次战争则被称为"独立战争"。

由于最初加入这个联邦国家的只有13个殖民地，所以美国国旗上只有13道红白相间的横条纹。华盛顿被任命为美国第一任总统，美国人称他为"国父"。

在美国人心目中，第一任总统华盛顿是他们的"国父"

121

第 61 章 天翻地覆

在美国的独立战争胜利后不久，法国人民也发动了一次革命。这次革命被称为"法国大革命"。

前面已经讲过，在路易十四的统治下，法国民众的生活有多么糟糕。后来，情况越来越糟糕，到了人们无法忍受的地步。

当时，法国的国王是路易十六，他的王后名叫玛丽·安托瓦内特。人民非常穷苦，只吃得起非常粗糙的黑面包，可他们还要向国王和贵族们交钱。如果有人抱怨，他就会被关进巴黎的一座大监狱——巴士底狱，在那里一直待到死。

其实，国王和王后并不是真的很邪恶，他们只是缺乏常识，不能理解为什么民众会贫穷。据说，有人曾告诉王后玛丽·安托瓦内特，她的臣民没有面包吃，她是这样回答的："那为什么不吃蛋糕呢？"

为了消除人民所遭受的种种不公，一群来自法国各地的优秀人物聚集到一起，组成了"国民议会"，他们提倡人人都自由平等，希望每个人都能拥有管理国家事务的发言权。他们的口号是"自由、平等、博爱"。

1789年7月14日，一群愤怒的民众袭击了巴士底狱。他们砸烂了狱墙，把犯人从里面放出来，杀死了看守巴士底狱的卫兵，因为卫兵是国王的仆人。然后，他们在巴黎的大街上游行。这就是法国大革命的开端，这一天后来成为法国的国庆日。

国王和王后这时候还住在凡尔赛宫里，就是当初路易十四建造的那座美丽的宫殿。贵族们听说巴黎发生了暴动，惊恐万分，纷纷抛弃国王和王后，逃到国外去了。

与此同时，国民议会起草了一份《人权宣言》，它和美国的《独立宣言》类似。宣言上说，所有人生而自由、平等，人们有权参与制定法律，在法律面前人人平等。

在这之后不久，愤怒的巴黎民众再次暴动，他们穿着破破烂烂的衣服，手里拿着棍棒和石块，一路高喊着"面包！面包！"冲进了凡尔赛宫。民众们抓住了国王和王后，把他们送到巴黎关押了起来。

之后，国民议会起草了一部《宪法》——一套可以公正管理国家的法则。国王同意并签署了宪法。

法国《人权宣言》

然而，民众觉得这还不够，他们根本就不想再要国王了。大约一年后，他们建立了一个像美国那样的真正的共和国。人们选择红、白、蓝三种颜色做成共和国的国旗，将《马赛曲》作为他们的国歌，而路易十六则被判处死刑。

除掉国王之后，人们却并没有安下心来，他们总担心那些支持国王的人会死灰复燃，再建起另一个王国。法国随后进入了"恐怖统治时期"，这是一段血淋淋的历史。一个名叫罗伯斯庇尔的人是这一时期的领袖，任何被怀疑支持国王的人都会被他抓起来判刑，王后第一个被判了刑。如果有人和另一个人有仇，他只要造谣说对方支持国王，就可以把对方送上绞刑台了，无论被指控的这个人是男人、女人还是孩子。这样的做法使每个人都非常担心，不知道自己什么时候就会被判刑。因为被判刑的人太多，人们常常提心吊胆。

那时的人们实在是太野蛮、太疯狂了！最后，民众们开始害怕罗伯斯庇尔这样一个残忍、没有人性的暴君，于是起来反抗他。当罗伯斯庇尔得知自己也要被处死之后，想要自杀，但他还没来得及这样做就被抓住了，并被押到了绞刑台前。在那里，他曾让无数人失去生命，现在他也受到了一样的惩罚。就这样，恐怖统治时期终于结束了。

法国革命者不想再要国王了，他们焚烧了国王的王座，处死了国王

罗伯斯庇尔被抓住并处死后，恐怖统治时期终于结束了

第 62 章 小巨人拿破仑

后来，法国大革命结束了。

结束它的是一个年轻的士兵，他只有20岁，身高只有1.5米多一点儿。

当时，革命政府正在王宫中开会，而外面的街道上有一群愤怒的暴民想要袭击王宫。政府就派这位年轻的士兵带了几个人出去赶走这些暴民。这位士兵在王宫周围架起大炮，炮口对准通往王宫的每条街道，于是再也没人敢来了。这个年轻的士兵就是拿破仑·波拿巴。

拿破仑出生在地中海一个名叫科西嘉的小岛上，他长大后，被送到法国的一个军事学校学习。他的数学学得非常好，他很喜欢解数学难题。他成功终结了法国大革命，证明了自己卓越的军事才华。于是，在年仅26岁的时候，他已经成为一名将军了。

当时，欧洲的其他国家都有国王，而狂热的法国人民却处死了自己的国王，其他国家的国王们担心自己国家的民众会学习法国民众，因此这些国家组成了反法同盟。

拿破仑被派去攻打意大利。为此，他必须穿越阿尔卑斯山，就是在很久很久以前，汉尼拔打布匿战争时翻过的那座山。但是，当初汉尼拔爬山的时候没带着沉重的大炮，而拿破仑的军队要带着大炮爬山，人们都认为那是不可能的事。拿破仑生气地说："不可能？这个词只有傻瓜的词典里才有！"他一马当先，带领大军翻越了阿尔卑斯山。接着，他就在意大利打了胜仗。

当拿破仑回到法国时，人们都把他当作凯旋的英雄，热烈欢迎他。这使得那些统治法国的人开始害怕他，因为他很受人民的爱戴，他们怕他称王。

不过，这时拿破仑主动要求去征服埃及。埃及当时是英国的殖民地，拿破仑认为，征服埃及可以切断英国和印度的联系，进而将印度收为法国的殖民地。

法国的革命政府很高兴能够这样摆脱拿破仑，于是他们应他的要求把他派到了埃及。拿破仑很快征服了埃及，只是他在进攻埃及的时候，等在尼罗河口接应他的一支舰队被英国舰队摧毁了。这样，拿破仑就没办法带领自己的军队回法国了。于是，他把军队交给另一个人统领，自己则设法找了另一条船回了法国。

拿破仑是个具有卓越军事才华的将军

124

拿破仑回到法国的时候，他发现革命政府正在内斗，他认为机不可失，就想办法让自己当选为治理法国的三个执政官之一，而且是第一执政官。没过多久，他就修改了宪法，成为终身第一执政官。又过了不久，他加冕称帝，成了法国和意大利的皇帝。

称帝后的拿破仑做的第一件事就是征服英国，他组织了一支舰队横渡海峡去英国，但是他的舰队在西班牙附近被英国海军彻底击垮了。自此以后，拿破仑放弃了征服英国的想法，他先后击败了西班牙、普鲁士和奥地利，整个欧洲几乎都是他的天下了。随后，他决定进攻俄国。这是他犯的一个大错误。俄国离法国很远，那时又是天寒地冻的冬天，虽然拿破仑带着军队设法抵达了位于俄国领土中心的莫斯科，但俄国人烧光了莫斯科城，把粮食都烧毁了，拿破仑的军队根本找不到东西吃，只好撤退。在撤退的途中，军队损失惨重，成千上万的人都死在了饥寒交迫的路上。

进攻俄国，是拿破仑犯下的重大错误

拿破仑终于回到了巴黎，但他的好运气似乎已经用完了。整个欧洲都做好了准备，要除掉他这个暴君。不久之后，他就被打败了，并被放逐到一个离意大利不远、名叫厄尔巴的小岛上。

但是，拿破仑并没有觉得自己已经完全输了，他认为自己仍然有机会回到法国，重新夺回他的权力。有一天，他突然在法国海岸登陆了，让整个欧洲都大吃一惊。拿破仑迅速组织了一支军队，在法国北部的一个叫滑铁卢的小镇上，和英普联军打完了他的最后一仗。这一次，他被彻底打败了。这场战役发生在1815年，直到今天，当我们碰到重大而惨痛的失败时，仍然会说是遭遇了"滑铁卢"。

滑铁卢一役后，英国人带走了拿破仑，把他关在海上一个遥远的小岛上，他是不可能从那里逃走的。拿破仑在岛上生活了6年后就死去了。

滑铁卢一役后，拿破仑被流放到了一个遥远的小岛上

这个故事也把我们带到了19世纪，因为拿破仑是在1821年死去的。

第 63 章 拉丁美洲和加勒比群岛

前面讲过，在哥伦布发现美洲之后的那些年里，西班牙征服了加勒比海的大多数岛屿，接着又征服了中美洲、南美洲以及墨西哥，并侵占了美洲印第安人一直居住的土地，这些印第安人包括玛雅人、印加人和阿兹特克人。

由于西班牙人在美洲发现了大量的金银，其他欧洲人看到这些财富后，也想分一杯羹。于是，西班牙不得不和其他欧洲国家一起分享"新大陆"。葡萄牙占领了今天巴西的土地，英国和法国夺取了北美洲东部的土地。此外，英国、法国、荷兰和丹麦还瓜分了中美洲、南美洲沿岸的土地和一些岛屿。不过，西班牙仍然占据着拉丁美洲（指美国以南的美洲地区）的大部分土地。直到今天，西班牙语仍然是拉丁美洲最通用的语言，而拉丁美洲最大的宗教，和西班牙当初的殖民者信仰的一样，也是罗马天主教。

早期有许多西班牙殖民者与当地的美洲印第安人通婚，不久后，当地就有了很多混血儿，他们被称为"麦士蒂索人"；而祖先都是欧洲人的则被称为"克利奥尔人"。

麦士蒂索人的家庭

杜桑·卢韦杜尔最终死在狱中

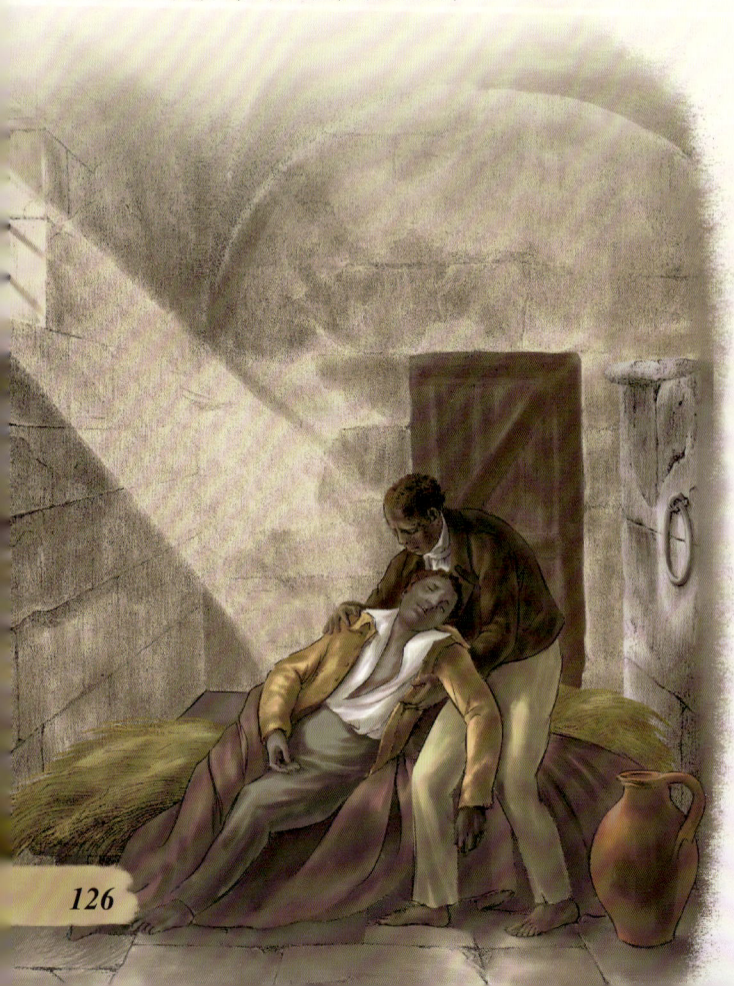

克利奥尔人认为应该由他们来管理当地的居民，他们还应该拥有在美洲发现的所有财富；而美洲印第安人和麦士蒂索人都坚信，他们应该有和克利奥尔人以及从欧洲派来的官员一样多的权利。不仅仅是在西班牙的殖民地如此，在中美洲、南美洲和加勒比海的所有殖民地都应如此。

事实上，在美国独立战争和法国大革命后不久，这些地方都接二连三地爆发了革命。这里只简略讲讲两个人。

最初的大革命是在海地爆发的。海地是加勒比海沿岸的一个岛国，是法国的殖民地。1789年，法国大革命开始之后，海地人民听说了在法国发生的事，也听到了"自由、平等、博爱"这句口号。后来，在海地的北部爆发了一次奴隶起义，起义的领袖叫杜桑·卢韦杜尔，他是奴隶出身，据说，他是一位非洲国王的孙子。他会读书写字，也清楚做奴隶是多么悲惨的事。于是，他和他的同伴们浴血奋战，直到法国政府在海地废除了奴隶制。

在那之后，卢韦杜尔为自己争取到了海地的治理权。在他执政的那几年，他把海地管理得非常好。然而好景不长，拿破仑掌权后，用诡计抓到了卢韦杜尔，并把他带回法国，关进了监狱。一年后，卢韦杜尔死在了狱中。但是，海地的革命并没有完全失败，一个名叫让·雅克·德萨林的新领袖接替卢韦杜尔继续领导人民，海地最终成为一个独立的国家。但可惜的是，在独立之后，海地爆发了国内战争，之后很多年一直没有得到真正的和平。

让·雅克·德萨林接替卢韦杜尔继续领导战争

在整个拉丁美洲的历史上，最著名的英雄是西蒙·玻利瓦尔，他的名字几乎是无人不知、无人不晓。玻利瓦尔很小的时候父母就都过世了，他在他的一个叔叔家里生活。在他11岁的时候，叔叔雇了一个年轻人来做他的家庭教师。这位老师把新思想灌输给了玻利瓦尔，还给他讲美国革命和法国大革命的故事，所以玻利瓦尔长大后成为一名革命者就没什么好奇怪的了。

1811年，委内瑞拉的克利奥尔人宣布脱离西班牙而独立，当然，和美国宣布独立以后必须与英国人斗争一样，他们也必须和西班牙人斗争。当时玻利瓦尔是起义军的高级统领之一。第二年，加拉加斯发生了一场大地震，上万名起义军战士在地震中死去。玻利瓦尔没有放弃，他重新组织了一支军队，继续战斗，他先解放了委内瑞拉，之后是哥伦比亚、玻利维亚和厄瓜多尔。玻利瓦尔被选为这些新独立地区的总统，他把这个新国家取名为大哥伦比亚共和国，以纪念克里斯托弗·哥伦布。

玻利瓦尔希望能够统一拉丁美洲，但是，他的计划没有实现。脱离了西班牙统治的地方，最终分裂成一些独立的小国，其中有个国家叫玻利维亚，就是以这位伟大的领袖命名的，你能从地图中找到它吗？

这些国家独立后，还是有很多问题没有解决：上层人并不愿意和普通民众分享权利，也拒绝把土地还给美洲印第安人。玻利瓦尔希望他们废除奴隶制，他们也不肯。尽管如此，西蒙·玻利瓦尔仍然是南美洲和中美洲所有国家的英雄，在这些地区，他被称为"解放者"。

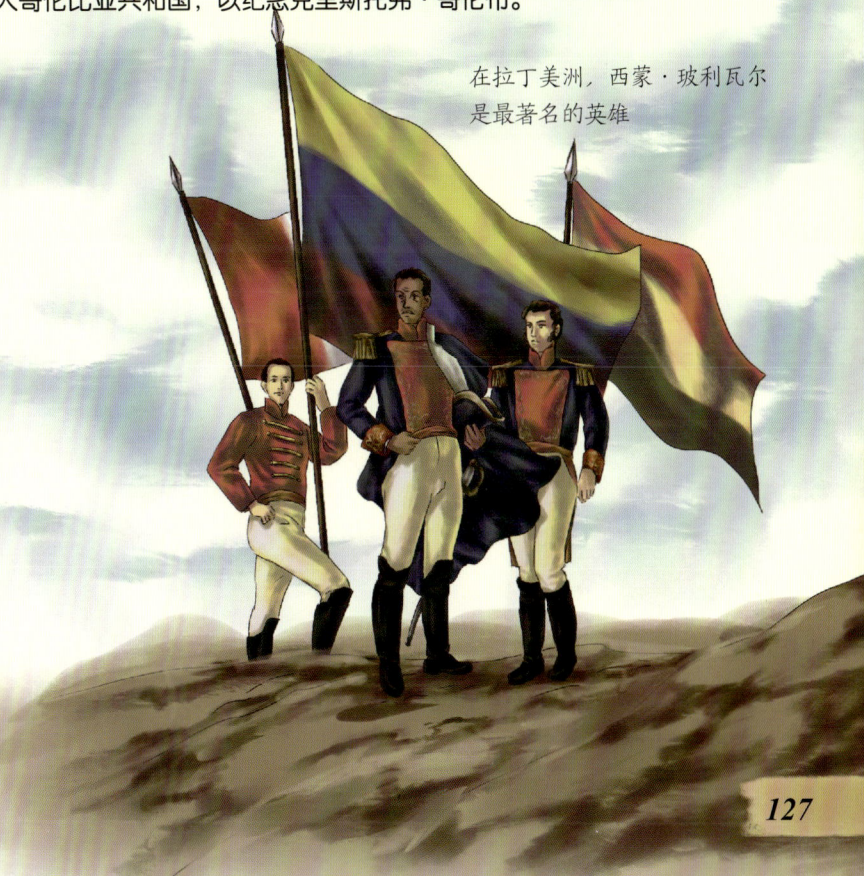

在拉丁美洲，西蒙·玻利瓦尔是最著名的英雄

第 64 章 从山林之神的牧笛到留声机

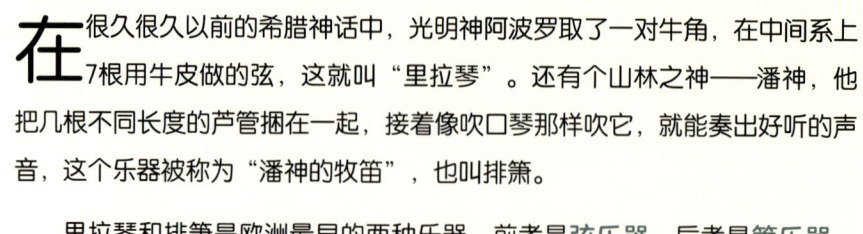

在很久很久以前的希腊神话中，光明神阿波罗取了一对牛角，在中间系上7根用牛皮做的弦，这就叫"里拉琴"。还有个山林之神——潘神，他把几根不同长度的芦管捆在一起，接着像吹口琴那样吹它，就能奏出好听的声音，这个乐器被称为"潘神的牧笛"，也叫排箫。

里拉琴和排箫是欧洲最早的两种乐器，前者是弦乐器，后者是管乐器。长弦和长管发音低沉，短弦和短管音调高亢。

希腊神话中，手持里拉琴的阿波罗和发明排箫的潘神

现代的钢琴就是由里拉琴演变而来的，它其实是弦乐器的一种。在钢琴内部有很多长短不同的琴弦，不过这些琴弦不是用来拨弄的，你得按下琴键，让钢琴内部的小木槌受到牵动，敲击琴弦发出声音。

教堂里面的大管风琴则由排箫演变而来，是一种管乐器。它有很多像巨大哨子一样的音管，当然，因为音管太大了，你没法像吹哨子那样把它们吹响，而要借助像轮胎充气泵一样的机器。

过去没有留声机或是录音机来记录声音，我们不知道古时候人们的音乐是什么调子。直到1000年时，音乐才开始被记录在纸上。之前的音乐完全是口耳相传，因为当时没有乐谱。

在1700年前后，欧洲第一个伟大的音乐家诞生了，他创作的音乐大受欢迎，直到现在人们仍然很喜欢。他是个德国人，名叫亨德尔。亨德尔6岁的时候就能够独自演奏古钢琴了。不久之后，这个男孩的表演就震惊了世界。他后来去了英国。死后，英国人把他葬在威斯敏斯特教堂——那是只有英国的名人才能下葬的地方。

亨德尔为《圣经》谱写了乐曲，由众人合唱出来，就叫"圣乐曲"。其中有一首《弥赛亚》，每逢圣诞节，几乎到处都在唱这支曲子。除此之外，亨德尔还写了四十几部歌剧。

在亨德尔同一时期，德国还有位音乐家，名叫巴赫。巴赫演奏管风琴真是精妙绝伦，就像亨德尔演奏古钢琴一样，而且巴赫还谱写了很多优美的管风琴乐曲，这些乐曲至今都是非常有名的。奇怪的是，亨德尔和巴赫到晚年都失明了，但是对他们来讲，视力远不如听力重要。

几乎所有音乐天才小时候都是音乐神童。有一位这样的音乐天才，他是个奥地利人，是在巴赫和亨德尔去世前诞生的，名叫莫扎特。

莫扎特在4岁的时候，就能在钢琴上弹奏出十分出色的作品。他也给别的演奏者写音乐，现在这样的工作叫"作曲"。

莫扎特的父亲和姐姐都是优秀的钢琴家，他们三个人经常一起巡回演出。莫扎特还曾在女王面前演出，人人都喜爱他、赞扬他，为他举办宴会，还送他很多礼物。

然而，莫扎特成年之后的生活却十分艰苦，他为了谋生，演奏各种音乐、作各种曲子，但是，只赚得到很少的钱。他去世的时候还很年轻，只有35岁，但他在整个音乐史上具有非常重大的影响力。

巴赫

莫扎特与父亲、姐姐一起演奏

在莫扎特之后，还有一位名叫贝多芬的伟大的音乐家。他可以坐在钢琴前一直弹下去，边弹边创作出优美的音乐，人们称这种创作方式为"即兴创作"。不过，他总是对自己创作的乐曲不满意，还要一遍一遍地修改，一首乐曲经常要修改十几遍。

后来，贝多芬的听力逐渐变得迟钝起来，对于一个音乐家来说，这真是太可怕了！到最后，他完全失聪了。丧失听力对贝多芬来说是个莫大的打击，他因此而变得消沉绝望、暴躁易怒，但他并没有放弃，坚持像以前那样作曲，尽管从那以后，他再也听不到自己创作的音乐了！

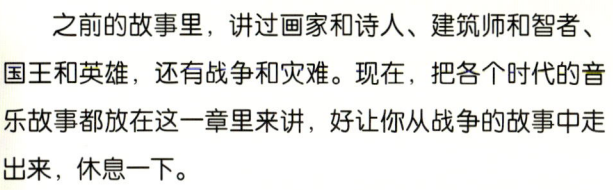

贝多芬

之前的故事里，讲过画家和诗人、建筑师和智者、国王和英雄，还有战争和灾难。现在，把各个时代的音乐故事都放在这一章里来讲，好让你从战争的故事中走出来，休息一下。

过去的人们只知道这些音乐家的伟大，却并没有听过他们的音乐。而现在，我们可以随时打开留声机、收音机或是电脑、手机，聆听音乐大师们的音乐，这是多么惬意的事情啊，连《一千零一夜》里的哈里发都享受不到这样的服务呢！

129

第 65 章 1854—1865 年的旧报纸

如果你能找得到1854年—1865年的美国报纸，那么在"外国新闻"那一栏里，你可能会找到下面这些消息：

英国新闻：这时候，英国的女王名叫维多利亚。她在位的时间超过了半个世纪，这段时期被称为"维多利亚时代"。

1854年的英国新闻会讲述当时英国和俄国的一场战争。因为俄国距离英国非常遥远，英国士兵要先乘船渡过地中海，然后经过君士坦丁堡进入黑海。英俄之间的大多数战斗都发生在黑海的一小块陆地上，这块土地叫克里米亚半岛，是俄国的领土。因此，这场战争就被称为"克里米亚战争"。在这场战争中，成千上万的英国士兵因为伤痛和疾病死在了那片遥远的土地上。

在战争期间，英国有一位名叫弗洛伦斯·南丁格尔的女士。她非常善良，总是细心关怀、照料那些生病的人。她听说在克里米亚有成千上万的英国士兵受了伤，却没有人来照料，就召集了很多女人，一起去了克里米亚。

在南丁格尔和她的护士伙伴们到达之前，差不多有一半受伤的士兵都死去了，也就是100个伤兵中会死去大约50个；而她们到来之后，经过细心的照料，100个伤兵中只有一两个人死去。夜里，南丁格尔会提着一盏油灯，在营地里四处巡视。她甚至会到战场中寻找伤兵。战士们都非常敬爱她，称她为"提灯女神"。

战争结束后，她回到了英国。英国政府为了表彰她的贡献，奖励给她一大笔钱。但她并没有把这笔钱用在自己身上，而是用这笔钱建了一所培训护士的学校。在今天，人们认为专业的护士和医生一样重要，但在那个时候，并没有受过专业训练的护理人员。弗洛伦斯·南丁格尔是第一个培养专业护士的人，今天，人们依然把她看作专业护理行业中的圣人。

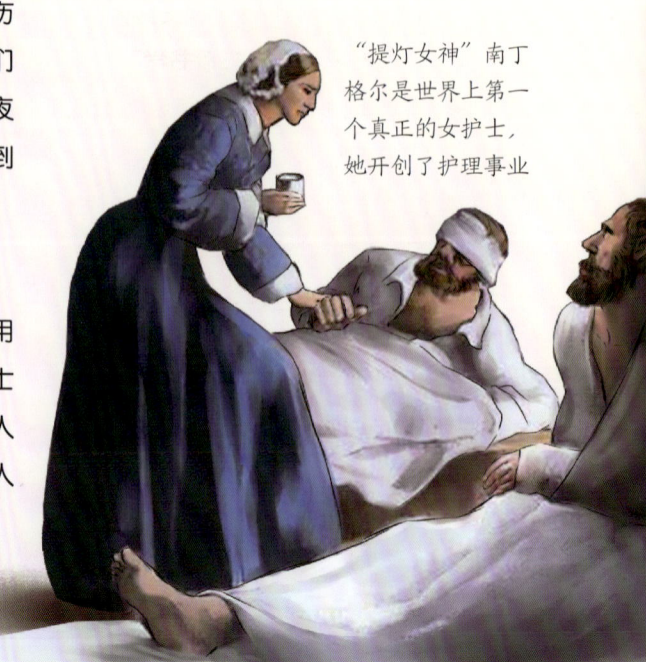

"提灯女神"南丁格尔是世界上第一个真正的女护士，她开创了护理事业

日本新闻： 日本是靠近中国的一个群岛国家，比较古老，在罗马建立之前就已经存在了。日本不喜欢白人进入他们的领地，因此一直把白人阻挡在国门外。然而，在1853年，也就是英国开始克里米亚战争的前一年，美国的军舰驶入了日本的一个重要海港——东京湾。第二年，美国与日本签订了一个条约。从那之后，日本允许美国人进入，并同意美国人在日本做生意。后来，日本人如饥似渴地学习西方的知识，学习西方的各种发明和生活方式，只经过了50年，他们就有了长足的发展。

如果你手头的是美国报纸，这些报纸又印刷于1861年—1864年的话，那你能看到的新闻应该大部分都是关于一场美国内部的战争。我们称之为"美国内战"或"南北战争"。

美国一般分为两个大区，南方和北方。双方在一些事情上的意见并不一致，其中最大的冲突在于南方人是否可以拥有奴隶，双方因此爆发了战争。从1861年到1865年，这场战争持续了4年。最后，北方赢得了胜利，终结了奴隶制，规定在美国的任何人都不能再拥有奴隶。这场战争的影响很大，大部分美国人都被卷了进来，无论是黑人、白人，还是男人、女人。

当时的美国总统名叫**亚伯拉罕·林肯**。林肯出生在一个小木屋里，小时候家里很贫穷，每到夜晚，他只能借着燃烧木块的火光来看书学习。他非常刻苦、诚实、善良，经过努力，后来成了一名律师，最后又当选了总统。在任总统期间，他宣布废除奴隶制度。后来的一天，他在剧院里观赏演出的时候，被一个演员开枪打死了，这个人认为林肯废除奴隶制度是错误的。

林肯是一位著名的总统，华盛顿建立了美国，而林肯阻止了美国的分裂，使它作为一个统一的国家而存在，并在现在成了超级大国。

亚伯拉罕·林肯废除了奴隶制度，阻止了美国的分裂

第 66 章 三个新国家和三张新邮票

拿破仑被流放到厄尔巴岛后，法国人民建立了一个新的共和国，共和国需要一个总统，所以人们必须要选一位总统出来。你猜他们选出了谁？竟然是拿破仑的侄子——**路易·拿破仑**。然而，路易·拿破仑并不仅仅想当总统，他还想像他叔叔那样做皇帝，甚至称霸欧洲。所以，当上总统后不久，他就自立为皇帝，自称为"**拿破仑三世**"。

拿破仑三世非常嫉妒邻国普鲁士，认为这个国家正在一天比一天强大。当时普鲁士的国王名叫**威廉**，他本人能力很强，还有个精明能干的首相，名叫**俾斯麦**。俾斯麦也一直想找借口攻打法国。于是，在1870年，法国和普鲁士展开了一场战争，这场战争被称为"**普法战争**"。在这场战争中，拿破仑三世被普鲁士打了个落花流水，无奈之下，他只能投降了。后来，他觉得自己实在没脸回法国了，就直接去了英国。

普鲁士的军队攻进了法国巴黎，硬逼着法国人赔给他们50亿法郎。法国人虽然不愿意，但还是付清了这笔巨额赔款，而且是在短短两年的时间内。可是，法国人民永远都不会忘记当初被普鲁士人威逼的情形。因此，从那时起，这两个国家在很长一段时间内都是死敌。

普鲁士附近有一些小国，被称为"德意志邦国"。虽然这些国家的人之间都有亲族关系，说的也是同一种语言，但这些国家都是各自独立的。由于这场普法战争，普鲁士首次把这些德意志邦国联合在一起，组成了一个强大的国家，这就是德意志帝国，也就是德国。威廉当上了整个德国的皇帝，并在法国的凡尔赛宫举行了加冕仪式。

法国人认为，德国人之所以能打赢这场战争，主要有两个原因：他们有公立学校，而且他们训练士兵的方式比较先进。于是，他们也效仿德国人，在国内各地建立公立学校，还模仿德国人训练士兵的方式，为下一场战争做准备。

战败后的法国真正成了一个共和国，总统和议会都是由人民推选出来的，他们再也不想要皇帝了。

在当时，意大利还不像现在这样是一个统一的国家，而是像德意志那样，由许多小国组成。其中有一些小国是独立的，有几个归属于法国，还有几个属于奥地利。其中一个邦国的国王名叫维克多·艾曼努尔，他希望意大利的所有邦国都能统一起来，成为一个独立的大国，就像美国那样。

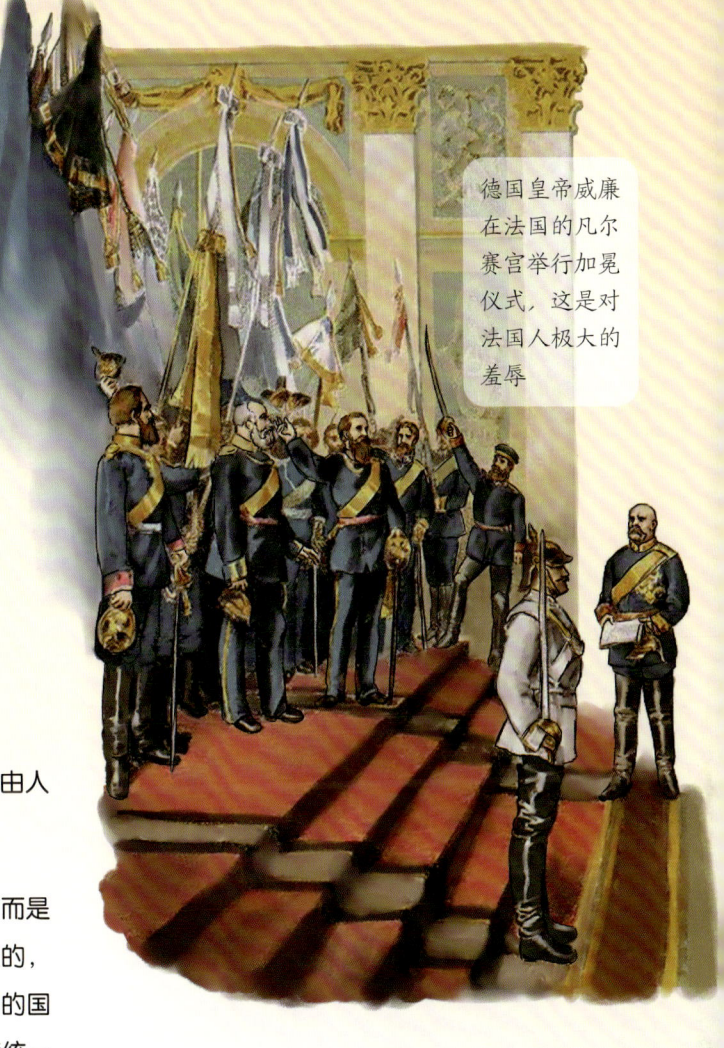

> 德国皇帝威廉在法国的凡尔赛宫举行加冕仪式，这是对法国人极大的羞辱

维克多·艾曼努尔有两个得力的助手：一个是首相加富尔；另一个是"红衫军英雄"加里波第，一位深受人民爱戴的民间英雄。最终，他在他们的帮助下成功地统一了意大利。意大利人为他们竖立了纪念碑，还以他们的名字为街道命名。为了纪念维克多·艾曼努尔，意大利人在罗马的小山上修建了一座宏伟的建筑，从那里可以俯瞰全城。

如果你有集邮的习惯，能弄到这一时期这三个国家发行的邮票的话，那一定非常有趣。当然了，这三个国家就是新成立的法兰西共和国、统一的德国和统一的意大利。

维克多·艾曼努尔二世纪念堂

第 67 章 奇迹时代

我们现在对手机、电视、汽车、飞机、电灯、电脑以及互联网一点儿都不陌生，所以很难想象如果这些都不存在的话，世界该是什么样。可是，它们以前确实是不存在的。在1800年时，这些发明还一项都没有问世呢。

无论是乔治·华盛顿还是拿破仑，都没有见过飞机或者汽车，他们从来没有用过电话、电灯甚至自行车，也从来没想象过电影、电视机、电脑这类东西。

19世纪的发明，大约比人类之前的历史中所有的发明加起来还要多。

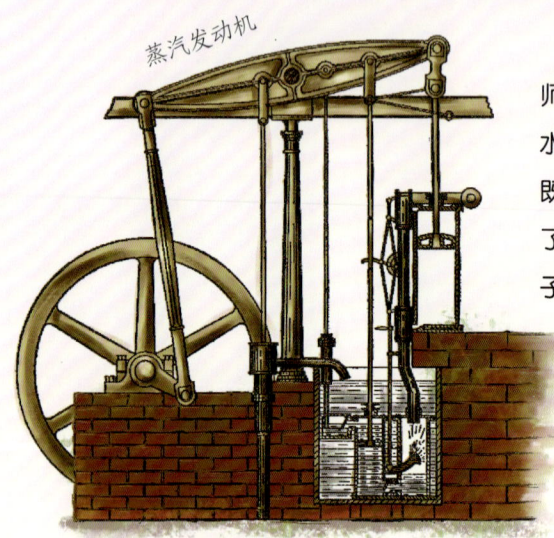

詹姆斯·瓦特

蒸汽发动机

有一个名叫 詹姆斯·瓦特 的苏格兰人，是很早制造奇迹的"魔法师"之一，现在我们称他为"发明家"。他曾观察过火炉上一只烧开了水的水壶，注意到壶里的水蒸气把盖子顶起来了。这给了他一个灵感：既然水蒸气可以顶开壶盖，那它应该也能顶起别的东西。于是，他制造了一台机器，在这台机器里，水蒸气顶起了一个被称为"活塞"的盖子，然后带动轮子转动起来。这就是最早的蒸汽发动机。

一个叫 斯蒂芬森 的英国人想到，可以把瓦特的蒸汽机放在许多轮子上面，这样一来，蒸汽机就能推着轮子动起来了，于是最早的火车头诞生了。再后来，一个名叫 罗伯特·富尔顿 的年轻人把瓦特的蒸汽机装在船上，用它推动船的桨轮，这样船也可以前进了。

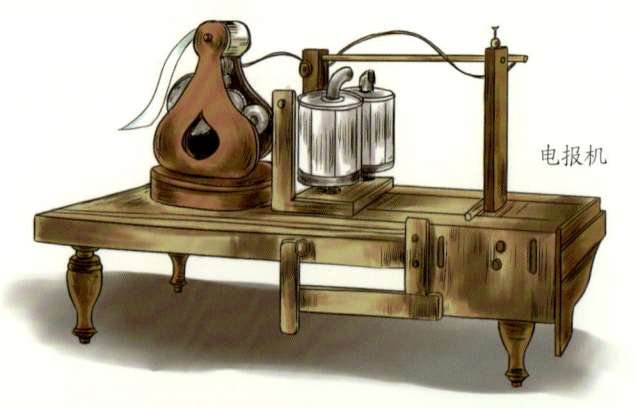

摩尔斯

电报机

在此之前，人们是不能和远方的人对话的，电报的发明解决了这个问题。电报机的电流通过电线从一个地方传达到另一个地方（可能是很远的地方）。如果你在电线的这一端按下按钮，电流就被中断了，那么电线的另一端就会听到一声"咔嗒"。短的"咔嗒"声用一个圆点表示，长的"咔嗒"声用一条横线表示，不同长短声音的组合对应着字母表中的不同字母，这样消息就可以传递了。这个精妙的小仪器是美国画家 摩尔斯 发明的。

134

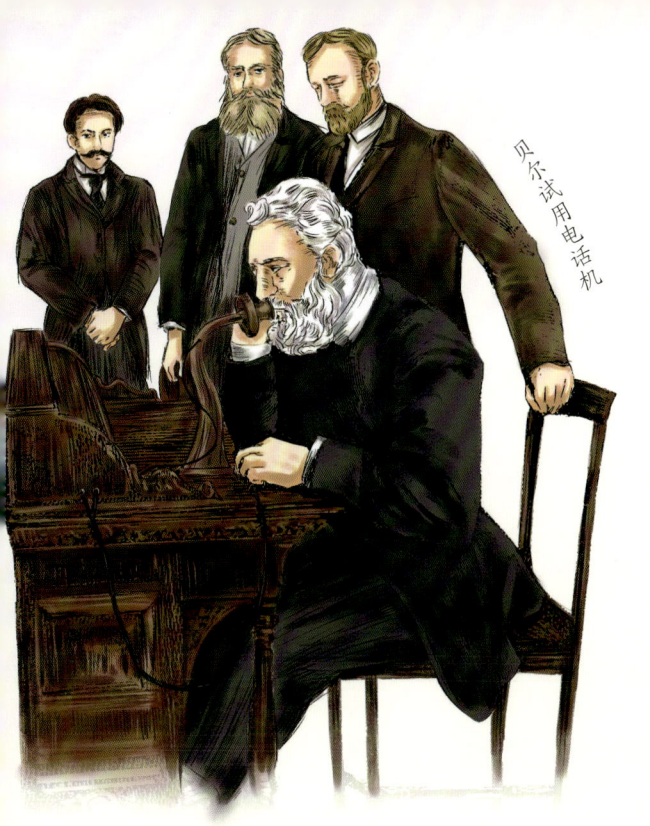

贝尔试用电话机

一个名叫**贝尔**的老师想找个办法帮助耳聋的儿童听见声音，在这个过程中他发明了电话。电话和电报不同，人们不必像使用电报那样认识另一套字母表，也不用通过圆点和横线拼出单词，电话可以直接传递语音。有了电话，任何人都可以和地球另一边的人直接通话。

后来，有人想到了用电来推动机器的运行，于是发明了电动机。再后来，有人想到用燃烧的气体让机器运转，这就是用在汽车上的燃油发动机。

最初，人们驾车不需要驾照，道路上也没有任何交通警察。后来，一个名叫**加勒特·摩根**的美国黑人发明了三色交通信号灯，这才让街道上行驶的汽车和走路的行人都更安全了。

电灯是**托马斯·阿尔瓦·爱迪生**发明的，他发明了很多既实用又重要的东西，除了电灯，还有许多与留声机和电影相关的东西。

在过去，成千上万的人都曾经尝试过飞翔，但都失败了。人们都说，人类是不可能飞起来的，只有傻瓜才会去尝试。然而，美国的**莱特兄弟**却实现了这件几乎不可能的事。他们发明了飞机。**1905年**，飞机在38分3秒内飞行了39公里！

直到今天，还有很多人仍然在坚持搞科研发明，不过这些需要你自己去找资料看了，因为如果要把这些发明都讲一遍的话，这本书就写不下了。

这里有一个值得思考的问题：众多科学发明让我们的生活越来越便利了，但是不是让我们的生活更加幸福了呢？

爱迪生发明了很多既实用又重要的东西，有电灯、电钮、电池、留声机等

美国的莱特兄弟发明了第一架飞机，人类终于可以飞上天空了

135

第 68 章 不一样的革命——工业革命

上一章中讲到的那些神奇的发明，都是由一场特殊的革命带来的，这场革命与以往的革命都不同，它是缓慢发生的，其间没有任何军队参与，但它确实改变了世界。这场革命被称为"**工业革命**"。

因为工业革命，我们才会用上各种各样神奇的机器，这是工业革命有趣的一面。但是，工业革命也带来了很多其他问题，它给世界带来了巨大的变化，造成的影响可能比一场战争还要深远。接下来，我们来看看工业革命是怎样改变世界的。

工业化景象

机器的发明让批量生产成为可能，于是工厂诞生了。最早一批工厂建在英国，生产的是布料，后来也开始生产服装。再后来，一些工厂开始制造火车车厢和轨道。不久以后，英国的工厂就生产出了各种各样的好东西。因此，英国变得越来越富有、强大。

很多欧洲国家——法国、德国和意大利也希望自己像英国那样富有而强大，于是它们纷纷效仿英国，也建立了工厂。接着，美国和日本也这样做了。很快，这些国家的工厂里都生产出了大量的产品，比如服装、家具、汽车、糖果等。这就是工业革命。

很多农民不再种地，而是去工厂做了工人

这些新兴的工厂需要大量的工人，所以很多农民都不再种地，他们离开农村，去工厂做了工人。有些人以前自己在家里做东西，比如蜡烛、肥皂、毛衣等，然后拿出去卖，这被称为"家庭手工业"，因为他们是在自己的小家庭里工作。工业革命后，这些家庭手工业大多被工厂取代了。举个例子，一家工厂生产的毛衣又多又快，那么这些毛衣的价格就能比个人织的毛衣便宜一些。因此，很多以前在家里工作的人就不得不去工厂上班了。

电车的普及让城市变得越来越大

大多数工厂都建在城市里，去工厂工作就意味着要在城市里居住。不久，城市就变得拥挤起来，人们也不得不住得很密集，方便自己步行去上班。在19世纪末期，电车开始普及，人们就可以住得离工厂更远些。于是，城市变得越来越大，甚至还出现了巨型城市，就像我们现在所知道的那些大城市一样。这是工业革命带来的第二个变化。

另外，在世界的各个地区，甚至在那些没有工厂的地方，人们的生活也发生了变化。这又是为什么呢？

你知道，不管要做什么东西，首先必须有原材料才行。工厂也是这样，它们会生产大量的产品，当然也就需要大量的原材料。比如，做衣服要用棉花，做家具要用树木，做汽车必须有轮胎，而轮胎是用橡胶做的，橡胶来自橡胶树，橡胶树生长在非洲、亚洲和南美洲的森林里。现在你明白了吗？工业革命就是这样影响到全世界的。

那些建立了工厂的国家需要世界各地的原材料，这些国家都很强大，而且拥有自己工厂生产出来的坚船利炮。所以，这些"工业化"的国家很快就入侵了很多国家，让这些国家为他们提供原材料——棉花、甘蔗、木材、橡胶等。英国、法国、德国和其他欧洲国家把大部分非洲国家和很多亚洲国家都变成了他们的殖民地；日本也征服了朝鲜和其他一些邻国；美国也有自己的地盘，例如夏威夷和菲律宾。

当然，生活在殖民地的人们对外国人的侵占非常不满，他们不喜欢这些欺凌弱小的强国。因此，在被占领后不到100年的时间里，这些国家就纷纷起义，为争取独立而战斗，就像美国的独立战争一样。在后面的章节中，你还将读到这样的故事。

工业革命带来的另一个严重后果现在仍然困扰着我们，那就是空气、水源和土壤的污染，这些污染直接危害到人类的健康。还有，为了生产出更多的产品，很多自然资源被耗尽或破坏。当大面积的森林被砍伐，海洋被污染，生活在那里的动物再也没有地方生存，它们就会逐渐灭绝。污染和自然资源的损耗统称为环境问题。

工业革命带来的环境问题至今都没有完全解决

以上就是第一次工业革命所导致的一些问题，我们至今还没有完全解决。你有什么办法能解决这些问题吗？

再重复一遍，关于第一次工业革命，要记住的四件大事：大批人不再种地，而是去工厂上班；小城镇发展为我们现在所知道的大城市；一些工业化国家变得富强，它们控制了世界上大多数国家；我们至今还要面对工业革命带来的环境问题。

第69章 第一次世界大战

已经有两章没有提到战争了，现在，必须讲一场战争。这场战争的规模太大了，是一场几乎把全世界都卷进来的战争。

欧洲有个小国叫塞尔维亚，是大国奥地利（奥匈帝国）的邻国。不过，这一大一小两个邻居的关系处得并不好。它们总是说对方的坏话。这是因为，奥地利除了统治奥地利人，还统治着其他一些民族，其中有些人与塞尔维亚人有亲缘关系。塞尔维亚人经常说奥地利对这些人不公平，而奥地利则说塞尔维亚是要煽动民众反对奥地利的统治，分裂奥匈帝国。

萨拉热窝刺杀事件是第一次世界大战的导火索

就在这时，一个住在塞尔维亚的年轻人枪杀了一位皇子，而这位皇子本来是要成为下一任奥匈帝国的皇帝的。奥地利人民愤怒至极，他们认为惩罚塞尔维亚的时机到了。因此，奥地利不顾其他欧洲国家的阻拦，对塞尔维亚宣战了。那是在1914年7月28日。

混乱就这样扩散开来，就像草原上的火苗一样越烧越旺。俄国支持塞尔维亚，德国则支持奥地利。自从普法战争后，欧洲的大国们都一直在为战争训练士兵。几乎所有的欧洲国家都归入这两个阵营：一个阵营由德国的友邦组成，称为同盟国；另一个阵营里面则全是法国的朋友，称为协约国。

俄国是法国的盟友，这就意味着德国处在法国、俄国两大敌人之间。于是，德国决定趁俄国进攻自己之前，速战速决，消灭法国。

德国的军队经过比利时，直扑法国的首都巴黎。他们最远到达了马恩河，那里离巴黎只有30多公里。就是在这里，法国挡住了德国的军队。马恩河战役是这次战争中最著名的一场战役，这场战役至关重要，如果德国当初在这场战役中打赢了，他们就会攻占巴黎，还可能把法国变成德国的一个地区。

138

这时候，英国也加入了战争，站在了法国、比利时和俄国这边。英国有世界上最强大的海军部队，德国的海军打不过，于是他们启用了潜水艇。这在历史上是第一次，战争的领域不再仅仅局限于陆地和海上，还包括空中和水下。

当然，德国的潜水艇有时候会出错，失手击沉非参战国的船只，这使这些国家对德国大为不满，所以在战争结束之前，世界上几乎所有国家都卷入了这场战争。因此，我们称这次战争为世界大战。后来，又发生了一次世界大战，于是这次世界大战就叫第一次世界大战。

战争的领域不再仅仅局限于陆地和海上，还包括空中和水下

无数人在战争中死去，无数的钱花在了战争上面，但战争仍然在继续，哪一方都没能获胜。就在僵持的时候，俄国国内爆发了一场革命，人们不堪战争重负，起来反抗，杀死了他们的统治者——沙皇。政权更迭后的俄国政府宣布退出这场战争。

美国是在1917年，也就是战争开始后的第三年加入战争的。美国距离战场非常遥远，在大洋彼岸5000公里以外，似乎不可能对战争有太大帮助。可是，美国在很短的时间内，派出了200万名士兵乘船横渡大洋，参与了很多次重大的战役。

最后，德国和它的盟国在1918年11月11日投降了，历史上的第一次世界大战就这样结束了。德国皇帝去荷兰生活了，德国成了共和国。大奥地利（奥匈帝国）变成了小奥地利，因为它原有的那些土地被分裂了，成了一个个独立的小国。塞尔维亚则消失了，在它的位置上建立了新的国家——南斯拉夫，其中包括塞尔维亚和其他一些小邦国。

战争结束后的谈判

139

第 70 章 短暂的 20 年

从第一次世界大战结束到第二次世界大战爆发，这期间一共有20年。

"一战"结束后，世界各地的人们都希望不再有战争发生，"一战"甚至曾被称为"终结所有战争的战争"。协约国的政府领导们在法国的凡尔赛起草了一个和平条约，也就是《凡尔赛条约》。条约规定，德国只能拥有小规模的军队，德国的军队不能有飞机，陆军也不能有坦克。条约还要求德国给协约国赔偿一大笔钱，以弥补这些国家在战争中的损失。

"一战"结束后，参战国签订了《凡尔赛条约》

为了维护和平，许多国家还一起成立了"国际联盟"，总部设在瑞士。人们希望国际联盟能发挥巨大的作用，阻止战争的爆发。国际联盟做出了努力，但并没有成功，因为它没办法让各国按照自己要求的去做，只能要求这些国家听它的话，却没能力让它们非听不可。

就像一块写着"请勿践踏草坪"的告示牌，没办法阻止那些一意孤行地走上草坪的人。但是如果旁边有个警察的话，就可以阻止了。国际联盟就像那块告示牌，却没有警察。

在亚洲的战场，日本对中国发动了全面战争

总之，尽管有国际联盟，尽管人们不再希望有战争，战争还是再次爆发了。

新的战争首先是在亚洲爆发的。1931年，日本军队入侵中国，强占了中国的东北部地区。之后，日本对中国发动了全面战争，准备彻底占领中国。中国人奋力反抗，但他们没有足够的军备用品，无力阻止日本人的侵略，很快日本就拿下了中国的东部海岸，把南京政府赶到了重庆。直到第二次世界大战在欧洲爆发时，这场战争仍在继续。

亚洲爆发战争的同时，非洲也爆发了战争。意大利军队开进了古老的国家埃塞俄比亚。他们使用了飞机、炸弹、大炮，甚至连毒气都用上了，很快征服了埃塞俄比亚。

欧洲的西班牙也爆发了国内战争，为了抢夺国家的统治权，两派西班牙人之间起了争执。其他国家不但没有努力阻止战争，俄国（当时已经叫苏联了）还派兵去帮助其中一方，而德国和意大利则派兵去帮助另一方。

亚洲、非洲、欧洲都爆发了战争！虽然国际联盟做出了大量努力，但它还是没能阻止任何一场战争，根本发挥不了它在成立时想要起到的作用。

不过，在这20年中，除了战争，还发生了其他一些重要的事。

在最初的10年中，商业走向了繁荣，人们不断地赚钱，又不停地消费。很多人以为这样的繁荣会一直持续下去，但是他们都错了。繁荣过后，出现了"经济大萧条"，工厂生产出来的商品卖不出去，很多工厂因此关门，几百万人都没了工作。如果没有工作，又怎么能赚到钱，为自己和家人买食物、买衣服呢？因此，10年繁荣后面的10年是经济大萧条的困难时期。

大萧条持续了好几年，就在美国人开始绝望的时候，富兰克林·罗斯福被选为美国的总统。罗斯福政府颁布了许多措施来帮助这个国家走出困境，这些措施后来被称为"罗斯福新政"。

"经济大萧条"时期，大量失业者拥到街头，胸前挂着"请给我一份工作"字样的牌子

在上任的第一天，罗斯福就说："我们唯一恐惧的就是恐惧本身。"他首先要求通过一系列法律，让找不到工作的人可以领到补贴。然后，政府雇用了成千上万的人来做各个方面的工作，艺术家画画，音乐家举办音乐会，作家写书，工人们扫树叶、挖沟、建公园等；所有人都由政府来付工资。他还想办法让富人出钱来帮助穷人。他的这些努力有了成效，美国慢慢地从经济大萧条中走了出来。

美国总统4年选举一次。在当初乔治·华盛顿拒绝参加第三任总统竞选之后，还从来没有人第三次当选为总统的。而罗斯福是美国历史上唯一一个连续4次都被推选为总统的人，他的任期是所有美国总统中最长的，从1933年到1945年。如果不是他在1945年去世了，也许他会当16年的总统。

富兰克林·罗斯福让美国从大萧条中走了出来

在罗斯福的第三个任期开始之前，第二次世界大战在欧洲爆发。罗斯福领导全国为战争做好了准备。当美国遭到攻击后，他领导人民在与德国、日本和意大利的战争中取得了胜利。就在德国人投降前的一个月，他去世了。

20年的和平时期，从经济繁荣走向经济萧条，紧接着爆发了历史上规模最大、最残酷的战争。20年有多久？只是两次世界大战之间的一小段时间而已，如此短暂。

141

第 71 章 现代的"野蛮人"

"一战"结束的几年后，一个名叫**墨索里尼**的独裁者成了意大利真正的统治者，就是他带领意大利发动了对埃塞俄比亚的战争。

当时，在独裁者统治的国家中，人们很难有真正的快乐，因为无论乐不乐意，他们都必须按独裁者所说的去做。如果他们说了什么独裁者不爱听的话，或者做了独裁者不喜欢的事，就会被独裁者的密探抓住，并被关起来。报纸上只能刊登独裁者允许发表的观点，这让人们活得战战兢兢的。

"一战"后的和平时期虽然只有短短的20年，但足够让欧洲的几个独裁者掌握政权了。

独裁者墨索里尼带领意大利发动战争

墨索里尼已经够坏的了，但是他相对于另一个独裁者来说，真是"小巫见大巫"了。这个人就是**阿道夫·希特勒**，他于1933年上任，成为德国的独裁者。他是个煽动性非常强的演说家，演讲起来滔滔不绝、情绪激昂，单凭演讲，他就能让群众狂热起来，从而听从他的指挥。除此之外，希特勒的间谍无处不在，时常是有人只说了一句他的坏话，没过多久就会被逮捕。希特勒的党派自称为**"纳粹党"**，这个词是德语"国家社会主义德意志劳工党"的简称。

纳粹党既野蛮又残忍，他们的行为简直令人发指。他们反对所有犹太人，于是就迫害德国的犹太人。有些犹太人逃到了别的国家，那些没逃走的都被关进了集中营。在那里，他们受到了残酷的折磨，很多人受尽折磨之后被杀害了。纳粹党人建造了许多大毒气室，他们把成群的犹太人——不管是男人、女人还是孩子，关进毒气室中，然后把毒气打开。用这种方式，纳粹党杀死了数百万的犹太人。

不仅是犹太人，还有成千上万被认为是反对纳粹党的德国人也被关进集中营，多数人都死在了那个可怕的地方。

希特勒计划使德国成为世界上最强大的国家，于是开始组建大规模的军队，并要求每个德国人都尽力备战。在前面讲过，《凡尔赛条约》要求德国不能拥有大规模的军队，可那又怎样？希特勒压根就不管什么条约不条约。很快，德国就拥有了大规模的陆军和空军部队。不久之后，德国就开始侵略其他国家。他们的军队先攻占了奥地利，然后又袭击了波兰。

德国独裁者阿道夫·希特勒领导的党派自称"纳粹党"

英国首相温斯顿·丘吉尔

德国袭击波兰之后，没过多久波兰就沦陷了。当时，英国和波兰有个协议，协议规定了英国要保护波兰的独立。于是，在 1939 年，英国对德国宣战，第二次世界大战就这样爆发了。

德国接下来进攻的是挪威和丹麦，随后又对法国、比利时和荷兰发动了进攻。这几个国家抵挡不了德国的飞机和坦克，就连被派到法国支援的英军也节节败退。墨索里尼看到德国连连获胜，他也带领意大利加入了战争，并站在了德国这一边。不久，荷兰、比利时和法国大部分地区都被德国占领了，就只剩下英国和纳粹作战了。

之前讲过，英国真正的统治者不是国王，而是议会，议会的领袖被称为首相。在这个时期，英国的首相是温斯顿·丘吉尔。丘吉尔首相是个勇敢又顽强的人，尽管英国军队之前在法国失利了，而且当时整个英国的坦克加起来也不到100辆，飞机的数量也比德国少得多，但他就是不肯认输。他通过电台广播向人民发表演说，鼓励大家不管面临多大的困难，都要坚持战斗下去。

德国准备好要攻打英国了。希特勒打算先打败英国的空军，这样他的部队就能更容易在英国登陆。他派出了大批飞机去轰炸英国的机场和海港。但这次，希特勒打了第一个败仗。英国的飞机虽然比德国少得多，但他们却打败了德国的飞机。这场战役被称为"不列颠之战"。在10多天的时间里，英军击落了697架德国战机，而自己只损失了153架！

这次战败使希特勒失去了入侵英国的最佳时机，让英国人多了几个月时间去购买武器和集结军队。首相丘吉尔称赞英国的飞行员时曾说："在人类战争史上，从来没有一次像这样，以如此少的士兵保护了如此多的人民。"

"不列颠之战"是第二次世界大战中规模最大的空战

143

第72章 抗击"野蛮人"

在北非交战的英德双方

法国沦陷之后，在德国进攻的那些国家中，只有英国还没被征服。此时，墨索里尼加入了德国阵营，把意大利带入了这场战争。日本也是德国的盟友，它正在中国烧杀抢掠、狂轰滥炸。

就在德国一边忙着在法国、丹麦和挪威建立自己的秩序，一边又设法用飞机征服英国的时候，意大利也在攻打埃及和希腊。不过意大利的军队不像德国那样勇猛，希腊军队虽然人数少，却成功地阻挡了意大利人的进攻。与此同时，在北非作战的一个英国将领，率领英军击败了兵力是自己5倍的意大利军，解放了埃塞俄比亚。

意大利军队失利之后，德国派出了一支军队，在3个星期之内征服了希腊。他们还派兵去了北非，这支军队在之后3年里都在和那里的英军打仗。

下一步，希特勒袭击了苏联。你或许会觉得希特勒这个决定很愚蠢，苏联是个强大的国家，连当初的拿破仑都没办法征服它的前身——俄国。但希特勒知道，如果他征服了苏联，德国就能得到大量的石油、小麦、木材和矿产。除此之外，希特勒认为苏联有可能会进攻德国，因为自从纳粹挑起战争之后，苏联就一直在建设强大的军队。此时，希特勒已经占领了15个欧洲国家，虽然他的空军没能让英国投降，但他的陆军还没有战败过。

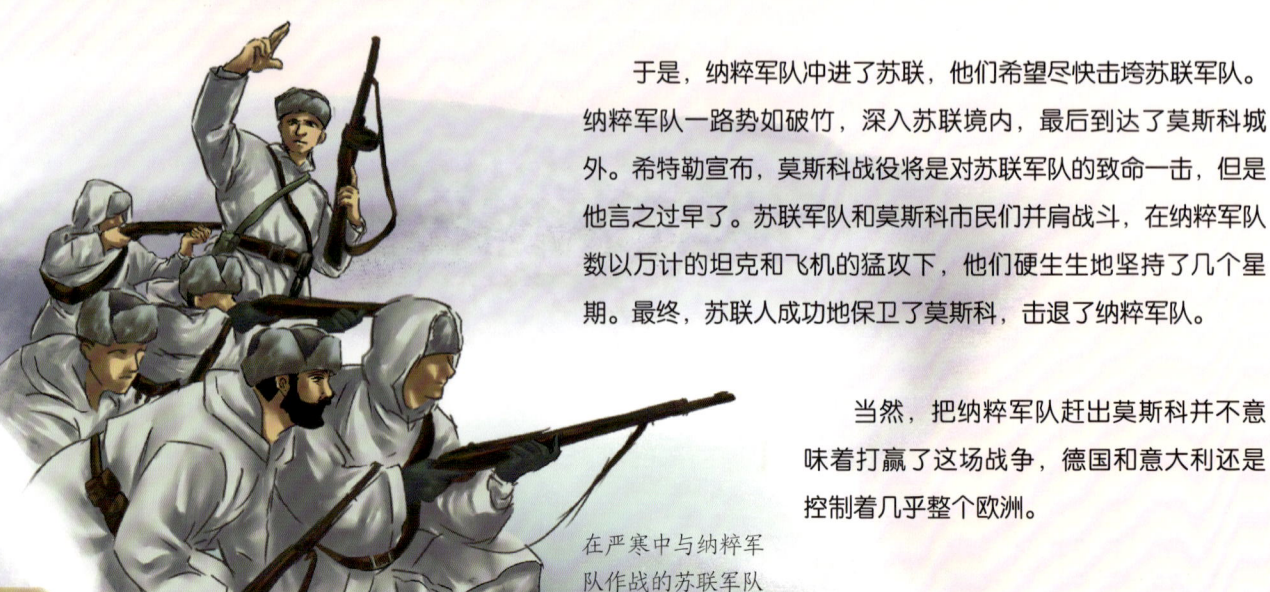

于是，纳粹军队冲进了苏联，他们希望尽快击垮苏联军队。纳粹军队一路势如破竹，深入苏联境内，最后到达了莫斯科城外。希特勒宣布，莫斯科战役将是对苏联军队的致命一击，但是他言之过早了。苏联军队和莫斯科市民们并肩战斗，在纳粹军队数以万计的坦克和飞机的猛攻下，他们硬生生地坚持了几个星期。最终，苏联人成功地保卫了莫斯科，击退了纳粹军队。

当然，把纳粹军队赶出莫斯科并不意味着打赢了这场战争，德国和意大利还是控制着几乎整个欧洲。

在严寒中与纳粹军队作战的苏联军队

日军偷袭珍珠港

1941年12月7日，在毫无预警的情况下，日军飞机轰炸了在夏威夷珍珠港的美国舰队，那里大部分美国军舰都被击沉了。第二天，英美正式对日宣战。4天后，德国和意大利对美国宣战。

美国还没有准备好同时对付德国和日本，但值得庆幸的是，苏联军队在欧洲对德国展开了勇猛的反攻，把数百万的纳粹军队拖在了欧洲，给了美国一年的准备时间，让美国工厂有时间生产坦克、卡车和其他军用物资，然后把这些物资送到苏联军队和英国军队那里。

而日本还在不断侵略，他们占领了属于美国的菲律宾群岛、英国在新加坡的海军基地、属于荷兰的东印度群岛，还有暹罗（泰国的旧称）、缅甸，进而向印度进军。他们还攻下了马来半岛。在此之前，他们已经占据了法属印度支那（指法国的殖民地越南、老挝、柬埔寨）和中国的很多地区，如果你有一张亚洲地图，你就可以从那上面看到日本在亚洲的战线有多长。

罗斯福总统和丘吉尔首相决定先打败希特勒，再收拾日本。美军和英军被派往北非，击败了那里的纳粹军队，然后他们开始进攻意大利。

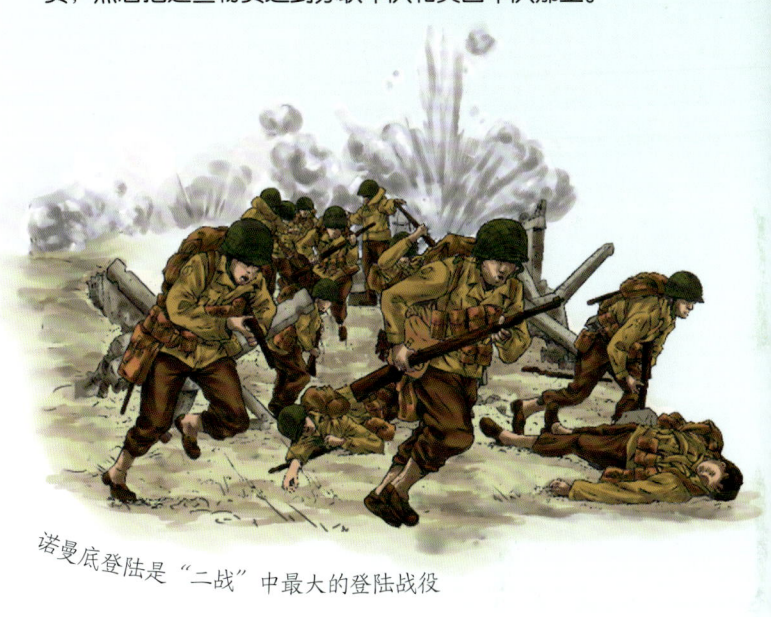

诺曼底登陆是"二战"中最大的登陆战役

大批的美军和英军被调集到英国。1944年6月，英美联军渡过了英吉利海峡，在法国的诺曼底海岸登陆。他们与纳粹军队浴血奋战，终于击退了那里的纳粹军队，把他们赶回了德国。法国、比利时和荷兰恢复了自由，再次成为独立的国家。

与此同时，苏联军队一直在东边与纳粹军队作战，他们也取得了胜利，一路把纳粹军队打回了德国老家，还乘胜追击，占领了德国的首都柏林。在意大利的墨索里尼被本国人抓起来判处了死刑。而希特勒在听到纳粹军队战败的消息后，自杀了。

苏联军队占领德国首都柏林

在世界的另一边，中国抗日战争仍在继续，这期间发生了无数的战役。那些被日本侵占的国家都奋起反抗、英勇作战，经过艰苦的斗争，一个接一个地脱离了日本的统治。当美国在日本的长崎和广岛两处投放了两枚原子弹之后，日本终于宣布投降。

德国在1945年5月彻底战败，日本在1945年8月也宣布投降。世界历史上规模最大、最恐怖的战争终于结束了。

第 73 章 世界新风潮

英国拥有大量殖民地，被称为"日不落帝国"

你还记得吧，在第一次世界大战之后，为了防止战争再次发生，人们建立了一个叫国际联盟的组织。但是它不太成功，战争还是发生了。

"二战"后，为了再次避免发生新的战争，世界上大多数国家一同加入了一个叫联合国的组织，联合国的总部设在美国纽约。还好，联合国起到了一定的作用，比之前的国际联盟要成功。不过，世界上还是有一些问题存在，比如殖民地问题。

在"二战"期间，人们纷纷谴责德国和日本，说德国和日本不该去侵略和统治其他的国家和人民。战争结束后，新的问题来了：为什么仍然有些国家统治着自己早期侵略的国家呢？你还记得那些工业国家是如何抢占殖民地的吧？这些国家用坚船、利炮征服当地人，然后让当地人提供木材、橡胶、棉花这些原材料。在"二战"后，这些国家仍然拥有这些殖民地。比如，英国就拥有大量的殖民地。

"二战"后，世界各地的人们都主张：每个国家都有权利自主选择自己的政府。为了给自己的人民赢得独立，这些殖民地的领袖们采用了不同的方式。有些人组建了军队，就像从前的乔治·华盛顿那样；有些人组织了非暴力的抗议活动，比如演讲和游行。在这一时期有一位著名的英雄，他是一个名叫甘地的印度人。

甘地

甘地是个非常聪明的人，虽然他长得又瘦又小，也不擅长演讲，看起来实在不像个革命英雄。但他确实让印度赢得了独立，而且他采取的方式与众不同。

甘地知道，英国之所以想要印度作为自己的殖民地，就是因为印度可以为英国提供棉花，这些棉花被英国的工厂加工成布料和衣服以后，再卖回印度，英国人就能从中赚到一大笔钱。另外，英国人还会在印度征收高昂的盐税，因为大多数印度人没有冰箱，他们需要用盐来保存食物。于是，他决定让英国人从印度赚不到钱。

甘地的与众不同之处在于，他并没有使用任何暴力手段。先告诉你他"不做"什么吧！他不刺杀在印度的英国人，不烧毁英国人需要的原材料，也不弄沉英国人的商船。

那他做了什么呢？

首先，他让印度人每天花几个小时自己纺线、织布、缝制衣服。这样，他们就有了足够的衣料，不需要从英国人手中买了。英国人虽然赚不到钱了，却也没有任何借口杀死印度的抗议者。

然后，他又想了个办法让印度人避免付盐税。我们都知道，海水是很咸的，甘地带领成千上万的印度人来到海边，教他们该如何让海水蒸发，从而得到大量的海盐。

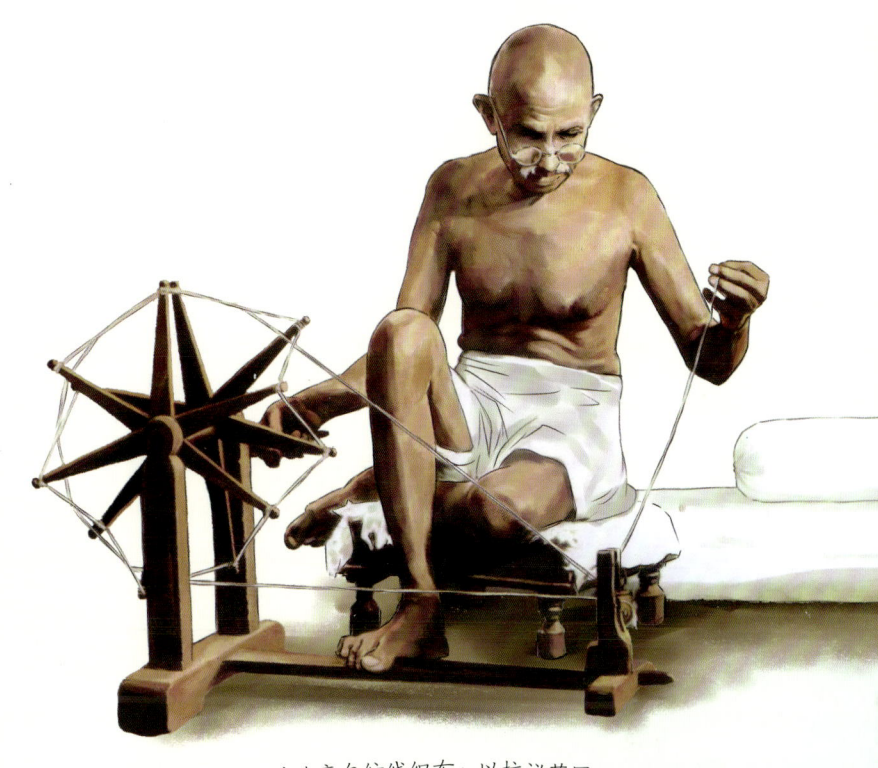

甘地亲自纺线织布，以抗议英国人的殖民统治

这样，印度人就不需要给英国人交盐税了，重要的是这也不犯法！如果有英国士兵殴打那些制盐的印度老百姓，全世界的人们都会去谴责这些士兵。甘地真的很聪明，是不是？

甘地变得举世闻名。人们都认为他真是太了不起了，他不使用任何暴力，却又表达了强烈的抗议。最后，英国承受的压力太大了，不得不放弃了印度的殖民地。因此，在"二战"后不久，印度就赢得了独立。

印度独立之后，非洲的一些国家也相继独立，比如加纳、肯尼亚、阿尔及利亚等。美国也不得不同意菲律宾独立，整个世界都掀起了争取独立的热潮。不管是在非洲、亚洲，还是在太平洋、加勒比海，一个又一个曾经是殖民地的国家独立了。几乎所有这些国家都会纪念自己的独立日，这一天也被称为**国庆节**。

甘地带领他的追随者进行食盐游行，打破了英国的食盐法

147

第 74 章 苏联

1917年，沙皇一家被枪杀

不管是在欧洲、亚洲，还是全世界，最大的国家就是俄国。

俄国，现在叫俄罗斯，它曾经有过另一个名字，苏维埃社会主义共和国联盟，简称苏联。在前面的故事中已经提过了。

先来看看，从你上一次看俄国的故事之后，在俄国都发生了什么事情。

彼得大帝曾是俄国的统治者，是他让俄国强大起来的，他被称为沙皇或皇帝。在彼得大帝之后将近200年中，俄国的统治者不是沙皇就是女沙皇（俄国女皇）。后来，俄国发生了一场大革命，那是在1917年，当时的沙皇被推翻了。

俄国革命的原因和法国大革命几乎一模一样。沙皇和贵族非常有钱，他们花天酒地，而大多数百姓却非常贫穷，生活得十分悲惨。最可怕的是，他们看不到生活可能会变好的希望。在1917年时，俄国已经在第一次世界大战中艰难地打了3年。这场战争使人们原本就十分悲惨的生活雪上加霜。因此，革命爆发了。

一个名叫列宁的俄国人和他的战友取得了这次革命的领导权。很快，列宁就成了革命政府的领袖。

革命领袖列宁

МИР НАРОДАМ

1922年，俄国改名为苏联。苏联不仅仅包括俄国，还包括俄国位于欧洲和亚洲的14个加盟共和国。

列宁信仰"**共产主义**"政治理念。在共产主义社会中，所有东西都归国家和人民所有，而不是像美国那样，大部分农场、工厂、商店都归私人所有。在苏联，就连国家本身，也是所有人共同拥有的。比如，人们从富有的地主手中夺来大片的田地，这些田地就是所有人共有的，大家一起耕种，得到的粮食和收入一部分归政府，另一部分则分配给所有人。与沙皇统治时期相比，这是个巨大的变化。

革命之后，起初苏联的社会状况十分糟糕，很多人被饿死。但在苏联政府的领导下，一切都在慢慢变好。越来越多的学校建立起来了，人民可以去学校接受教育，这让他们对未来的生活充满了希望，因为在沙皇统治的时候，几乎没有人能够上学。河流上的水电站也建起来了，为钢铁厂和拖拉机厂提供电力支持；贵族的宫殿变成了人民的博物馆；莫斯科开始修建地铁；军队有了优秀的领导，士兵们也得到了良好的训练。

列宁逝世后，**斯大林**接替他成为苏联的领导人。"斯大林"这个名字的意思是"铁人"，因为他的意志像铁一样顽强。在斯大林的领导下，苏联建立了很多的工厂和新的大城市。"二战"期间，当德国突袭苏联的时候，苏联军队在斯大林的带领下与德国人展开了殊死搏斗。后面的事情你就都知道了，苏联军队不仅把德国纳粹军队赶出了自己的国家，还从苏联一直打到了德国。

斯大林和列宁相交多年

"二战"结束后，英国、美国和苏联成了世界上最强大的国家，尤其是苏联和美国，这两个国家的面积都非常大，这有利于国家的发展。在战争期间，苏联和美国是盟友，曾一同战斗过。而战争结束之后，苏联和美国成了对手，彼此竞争，而这给世界带来了很多麻烦。

"二战"结束后，美苏争霸，冷战爆发

149

第75章 昨天、今天和明天

人们每天都在不断创造历史。我们可以在报纸上读到它，也可以在电视上看到它。

到目前为止，历史总是以一场又一场的战争为标记，有的战争规模大，有的规模小，有的时间长，有的时间短。回顾人类的历史，其间充满了战争。战争造成杀戮，战争带来毁灭，战争夺走了无数生命，耗费了数不清的钱财。没人能从战争中真正获利，即便是打了胜仗也一样。

不过，有一点是肯定的：如果战争不终结，人们会使用更为致命的武器。原子弹的爆炸已经证明了，一颗原子弹就足以毁灭一个城市。如果战争持续下去，那人类的历史也许就结束了。

"二战"期间，美国在日本投放了原子弹

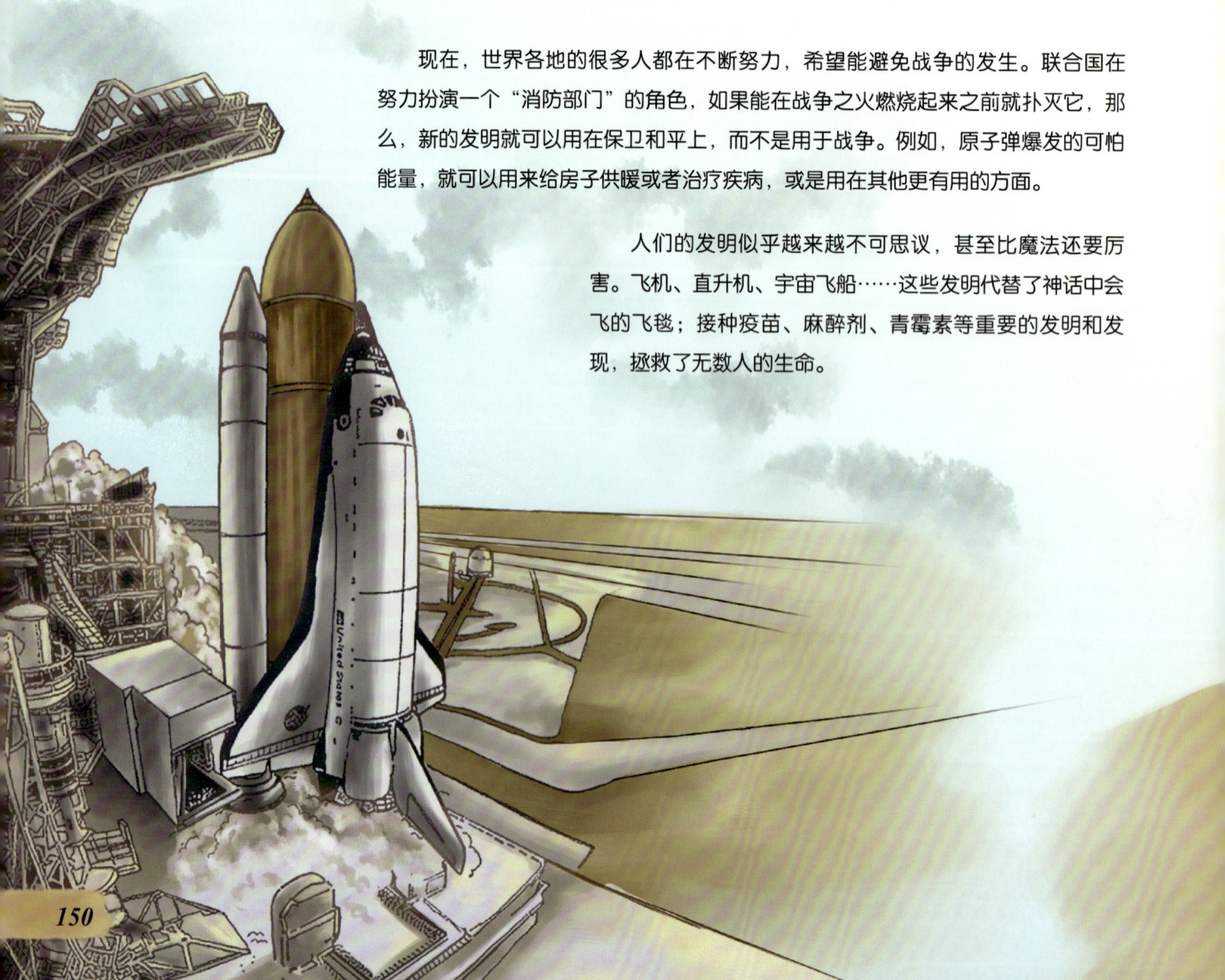

现在，世界各地的很多人都在不断努力，希望能避免战争的发生。联合国在努力扮演一个"消防部门"的角色，如果能在战争之火燃烧起来之前就扑灭它，那么，新的发明就可以用在保卫和平上，而不是用于战争。例如，原子弹爆发的可怕能量，就可以用来给房子供暖或者治疗疾病，或是用在其他更有用的方面。

人们的发明似乎越来越不可思议，甚至比魔法还要厉害。飞机、直升机、宇宙飞船……这些发明代替了神话中会飞的飞毯；接种疫苗、麻醉剂、青霉素等重要的发明和发现，拯救了无数人的生命。

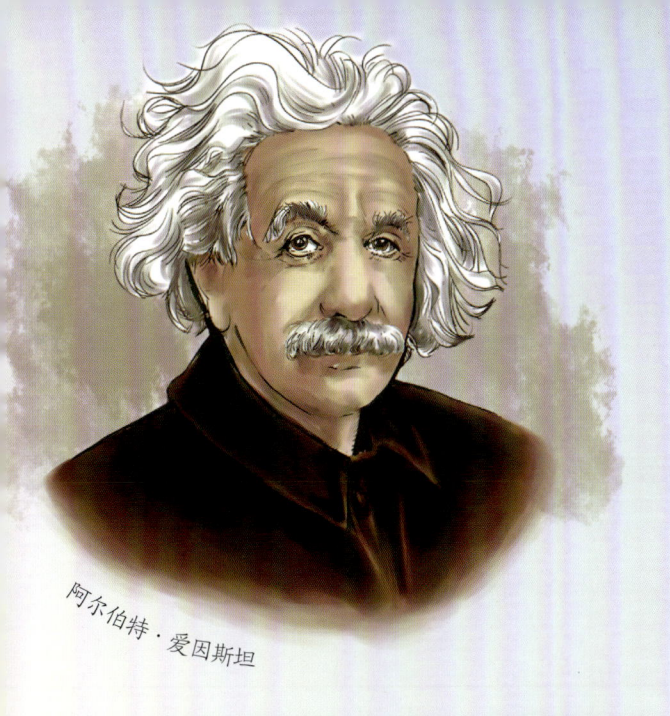

阿尔伯特·爱因斯坦

下面再来讲讲其他一些发明，比如电子眼和雷达；从空调到电子显微镜，从发电机到互联网，从月球探测器到人工心脏移植……但这本书已经没有地方再写这些人和这些神奇的事物了，因为新的发现和发明随时都在产生。

1969年7月20日，美国宇航员踏上了月球表面，这是人类史上第一次登月

这本世界历史到此就结束了，但这只是暂时的，因为历史是持续不断的故事，会一直不断地向前、向前。甚至就在你读到这一行字的时候，科学家们或许刚好发明了新的科学成果，而这些成果也许会写进将来的历史书中。

如果你生活在公元10000年，那你读到这里的时候，对你来说，历史才刚刚开始呢。就像现在看石器时代，会觉得那是非常遥远的时代。也许你对现在所有神奇发明的看法，会像我们对发现青铜的看法一样。

也许到那时候，人们将不再需要火车、轮船、汽车、飞机这些交通工具，而是只要心里想一下，就能一下子到达另一个地方了。也许到那时候，人们能够建造不会污染环境的工厂，也能够合理利用地球上的资源，世界上每个人都有足够的食物吃、有舒适的地方住。也许到那时候，人类再也没有战争了。

以此类推下去——世界永不止息！

151

后 记

历时三年，《画给孩子的世界历史》终于完工了。这本书以美国著名儿童教育家维吉尔·莫里斯·希利尔的《希利尔讲世界史》为底本，在保留原作框架的基础上，大刀阔斧地编辑、删改创作而来，并绘制了全新的插图，希望能让更小的孩子更容易读懂它。

另外，由于原作者的国籍、时代限制（希利尔本人已逝世近百年），原作中有部分过时或不确切的内容，在编撰过程中也一一予以订正，力求客观、准确，为孩子提供更好的历史启蒙教育。

历史的故事，到这里就告一段落了，未来的故事则需要我们一起去撰写。

笔者撰于2023年春

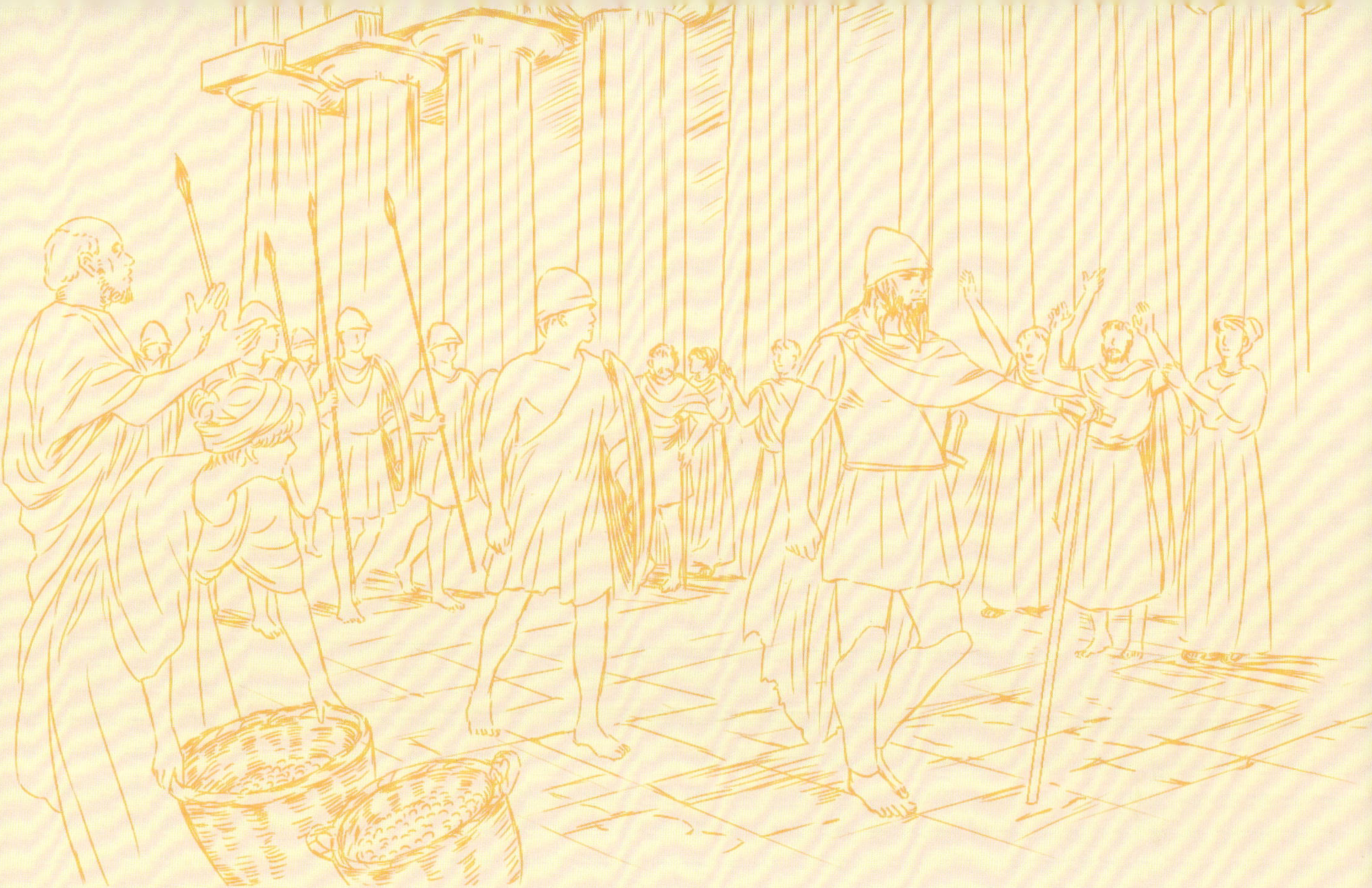
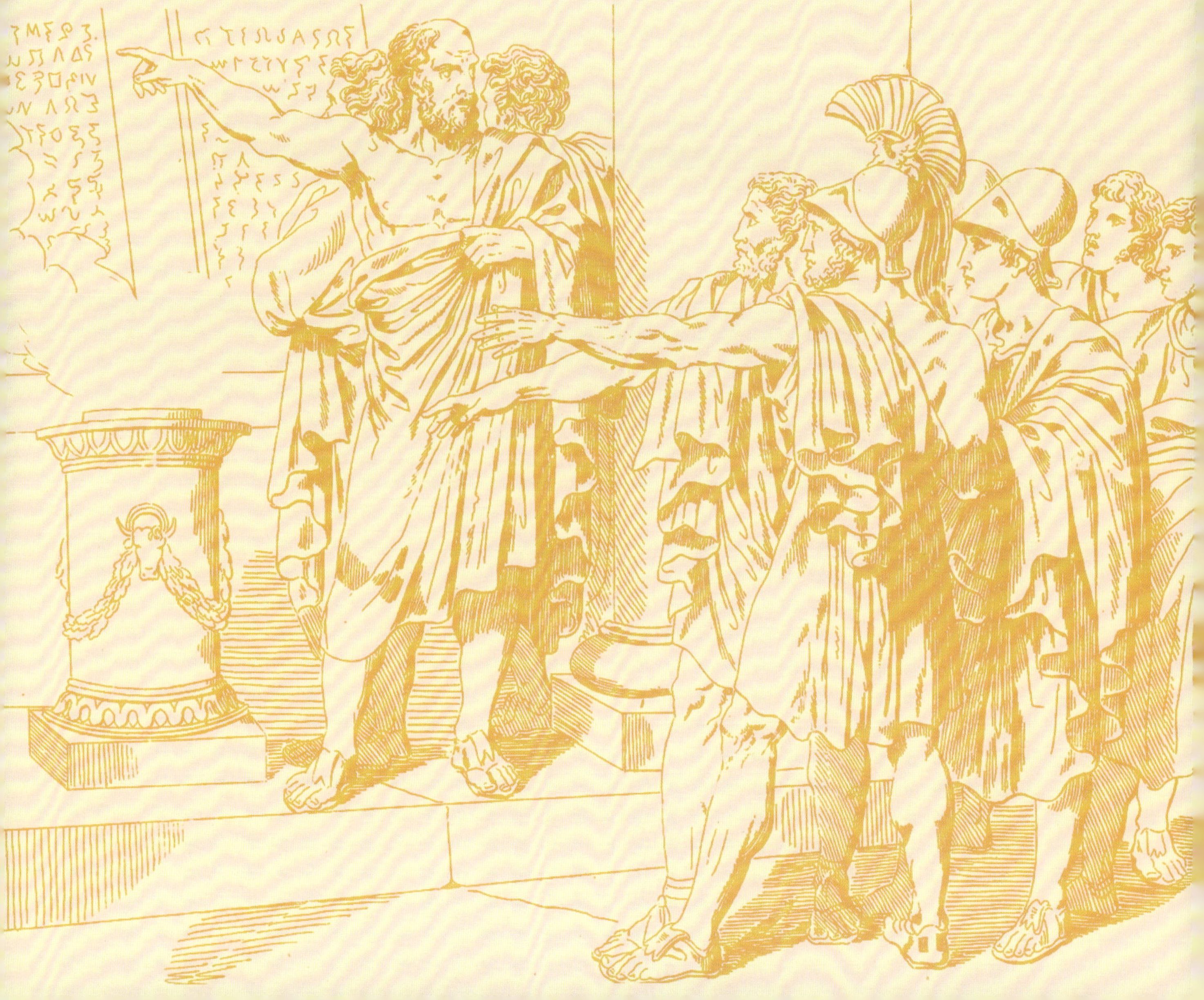

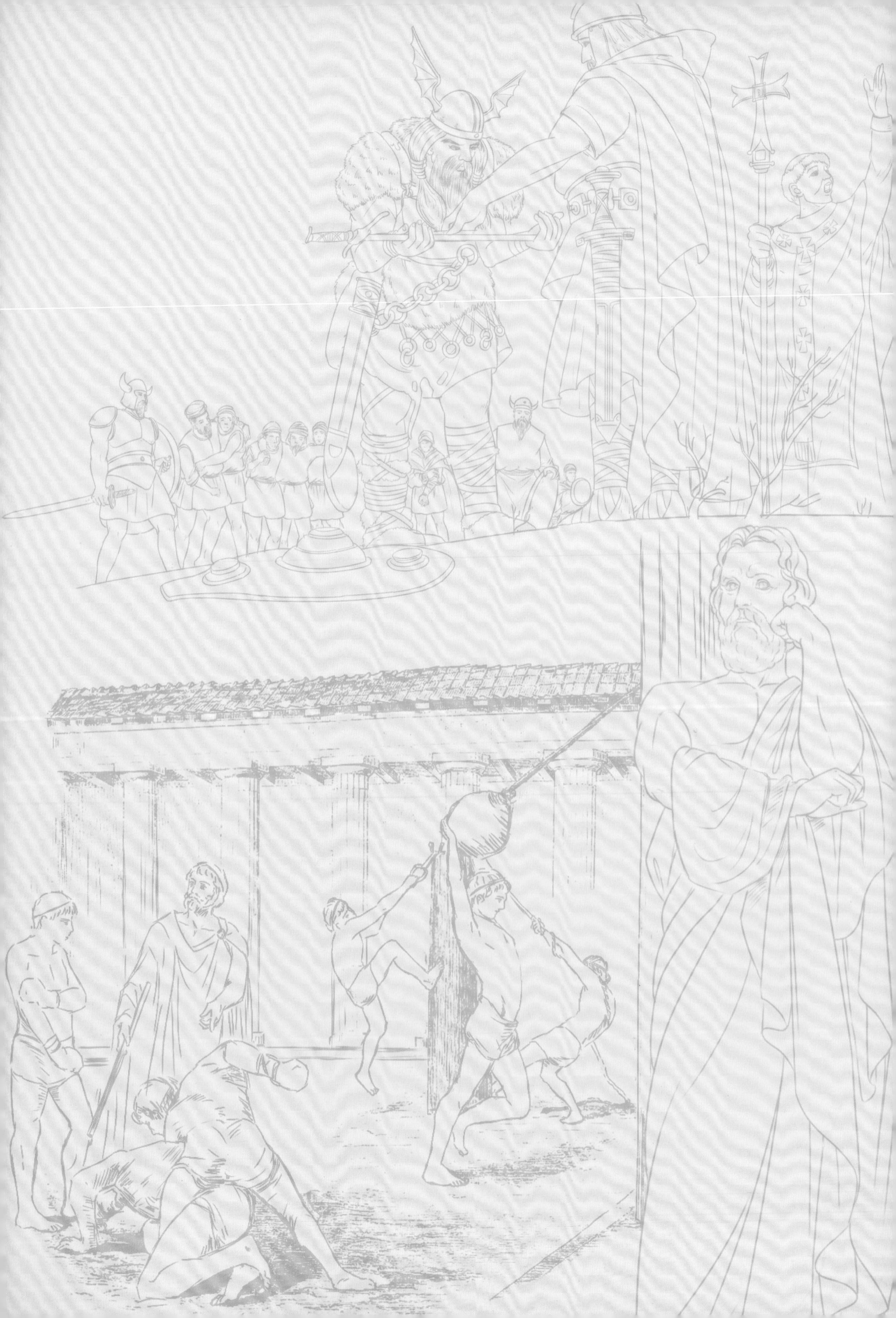